权威·前沿·原创

皮书系列为
"十二五"国家重点图书出版规划项目

就业蓝皮书

BLUE BOOK OF EMPLOYMENT

2015 年
中国高职高专生就业报告

CHINESE 3-YEAR VOCATIONAL COLLEGE GRADUATES'
EMPLOYMENT ANNUAL REPORT (2015)

麦可思研究院／编　著
王伯庆　周凌波／主　审

社会科学文献出版社
SOCIAL SCIENCES ACADEMIC PRESS（CHINA）

图书在版编目（CIP）数据

2015 年中国高职高专生就业报告/麦可思研究院编著.—北京：
社会科学文献出版社，2015.6
　（就业蓝皮书）
ISBN 978 - 7 - 5097 - 7538 - 7

Ⅰ.①2…　Ⅱ.①麦…　Ⅲ.①高等职业教育 - 毕业生 - 就业 -
研究报告 - 中国 - 2015　Ⅳ.①G717.38

中国版本图书馆 CIP 数据核字（2015）第 107607 号

就业蓝皮书

2015 年中国高职高专生就业报告

编　　著 / 麦可思研究院
主　　审 / 王伯庆　周凌波

出 版 人 / 谢寿光
项目统筹 / 邓泳红　桂　芳
责任编辑 / 桂　芳　张　嫒

出　　版 / 社会科学文献出版社·皮书出版分社（010）59367127
　　　　　　地址：北京市北三环中路甲 29 号院华龙大厦　邮编：100029
　　　　　　网址：www. ssap. com. cn
发　　行 / 市场营销中心（010）59367081　59367090
　　　　　　读者服务中心（010）59367028
印　　装 / 三河市东方印刷有限公司

规　　格 / 开本：787mm × 1092mm　1/16
　　　　　　印张：15.5　字数：247 千字
版　　次 / 2015 年 6 月第 1 版　2015 年 6 月第 1 次印刷
书　　号 / ISBN 978 - 7 - 5097 - 7538 - 7
定　　价 / 98.00 元

皮书序列号 / B - 2015 - 443

就业蓝皮书编辑委员会

前　言

　　《2015 年中国高职高专生就业报告》除总报告外包括"应届高职高专毕业生就业报告"、"高职高专毕业生中期职业发展报告"和"专题研究：高职高专毕业生需求变化趋势分析"三部分，回应了几个问题：刚毕业半年的高职高专生就业质量如何？毕业三年后在职场发展后劲如何？高职高专毕业生需求变化趋势如何？

　　"应届高职高专毕业生就业报告"是本书最重要的部分。报告数据来源于麦可思对 2014 届大学生毕业半年后的问卷调查，回收全国样本约 26.4 万，其中高职高专生样本约 13.8 万。2014 届大学生毕业半年后的就业率为 92.1%，比 2013 届（91.4%）同期有所上升，其中 2014 届高职高专生毕业半年后的就业率为 91.5%，比 2013 届（90.9%）同期也有所上升。该部分还包括反映就业质量的各项重要指标。例如，从"红黄绿牌"专业预警来看，2015 年高职高专就业红牌专业包括法律事务、语文教育、初等教育、投资与理财、应用日语、国际金融。以上专业部分与 2014 年的红牌专业相同，属于失业量较大，就业率、月收入和就业满意度综合较低的高失业风险型专业，这些专业具有持续性。

　　"高职高专毕业生中期职业发展报告"基于对 2011 届大学生毕业半年后（2012 年初完成，回收全国样本约 25.6 万，其中高职高专生样本约 10.0万）和毕业三年后（回收全国样本约 6.0 万，其中高职高专生样本约 2.9万）的两次跟踪调查，进而与 2010 届高职高专毕业生进行同期对比。该报告反映高职高专毕业生在职场的发展后劲，包括三年后毕业去向、职业转换率、就业满意度、薪资变化、职位晋升、自主创业等指标。

　　"高职高专毕业生需求变化趋势分析"是本年度的专题报告。随着人口总量下降，城市化进程和产业升级的加快，中国受过高等教育的劳动者短缺问题将日益严重，这个缺口能否得到填补逐渐引起全社会的广泛关注。本专题将从失业比例、月收入、就业城市类型、就业的主要职业和行业、雇主类型这五方面，分析 2010～2014 届高职高专毕业生的需求变化趋势，这对高技能人才培养、经济持续增长、地区均衡发展等国家战略目标的达成具有重要意义。

本年度报告的特点仍然是以数据和图表来呈现分析结果，而不是表达个人观点。读者可以从自己的专业角度对某一数据或图表背后的因果关系进行深度解读。

特别感谢帮助完善本年度报告的高等教育管理者和研究者，在此不一一具名。报告中所有的错误由作者唯一负责。

感谢读者阅读前言与本报告。限于篇幅，报告仅提供部分数据，如需了解更详细的内容，请联系作者（research@ mycos. com）。

麦可思研究院

2015 年 4 月

目　录

BⅣ 分报告三 专题研究

图表目录

B I 总报告

BⅢ　分报告二　高职高专毕业生中期
职业发展报告

B Ⅳ 分报告三 专题研究

总 报 告

B.1
技术报告

一 调查背景介绍

（一）调查背景

2014年国务院召开了第三次全国职业教育工作会议，习近平就加快发展职业教育做出重要指示，强调"要牢牢把握服务发展、促进就业的办学方向"，《国务院关于加快发展现代职业教育的决定》提出要"建立就业状况定期发布制度"。《教育部关于做好2015年全国普通高等学校毕业生就业创业工作的通知》明确提出："要进一步健全高校毕业生就业质量年度报告制度，完善报告内容和发布方式，9月份发布高校毕业生就业状况，12月底面向社会发布高校毕业生就业质量年度报告。加强毕业生就业创业与职业发展状况跟踪调查，完善就业质量评价指标体系，把大学生创新创业能力、就业创业状况作为高校评估重要内容。"

就业信息跟踪调查和公开发布制度是促进就业的有效方法。就业质量年报制度自2013年12月初教育部办公厅印发《关于编制发布高校毕业生就业质量年度报告的通知》（教学厅2013年25号）以来，得到了高校的积极贯彻落实，就业质量年报的内容质量、发布质量及合规性质量等都呈现提高态势。对毕业生开展就业调查、评估就业质量、发布就业报告，已经成为高校就业工作的规定内容和年度任务。

落实就业信息跟踪评价、公开发布制度，也是贯彻"依法治教"的重要举措。中共十八届四中全会提出了"依法治国"的战略决策，教育部据此做出了"全面推进依法治教、依法治校"的进一步部署。开展就业信息跟踪评价、公开发布就业质量年报，首先是落实教育部相关政策措施的需要，各高校需要对行政管理的要求是否达成、行动是否合规做出回应。同时，信息公开也是"依法治教"的举措之一，需要有效落实。

本报告基于麦可思公司2015年度的大学毕业生跟踪调查数据，反映了社会第三方专业机构对于大学生就业信息的跟踪评价和公开发布——这也是符合"管办评分离"的原则和要求的。麦可思公司自2007年以来，每年对毕业半年后大学生的就业状态和工作能力进行全国性调查研究，每三年就用人单位对大学生的能力要求和雇用情况进行全国性调查研究，从2010年开始，连续六年对之前调查过的全国2006～2011届大学毕业生进行毕业三年后的职业发展跟踪调查。目前，麦可思已经调查了2006～2014届毕业半年后的大学生。《中国大学生就业报告》自2009年首度发布以来，2015年已是第七次年度报告，本年度报告已经为中国各级教育行政主管部门、各级人力资源行政主管部门、各级各类高校、各企事业单位、各级各类学术研究机构以及广大的大学毕业生和高考生等参考使用。①

（二）2015年调查数据

1. 调查规模及覆盖面

2015年度麦可思－全国大学毕业生调查分为以下两类。

---

① 限于篇幅，本报告仅提供了部分数据，如需了解更详细的内容，您可以联系我们（research @ mycos. com）。

（1）2014届大学生毕业半年后社会需求与培养质量的抽样调查，于2015年3月初完成，回收全国样本约26.4万，其中高职高专生样本约13.8万。调查覆盖了940个专业，其中高职高专专业为589个；覆盖了全国30个省、自治区和直辖市；覆盖了大学毕业生能够从事的633个职业，其中高职高专毕业生能够从事的547个职业；覆盖了大学毕业生就业的327个行业。

（2）麦可思曾对2011届大学毕业生进行毕业半年后调查（2012年初完成，回收全国样本约25.6万，其中高职高专生样本约10.0万)①，2014年底对此全国样本进行了三年后的再次跟踪调查，回收全国样本约6.0万，其中高职高专生样本约2.9万。调查覆盖了962个专业，其中高职高专专业为521个；覆盖了全国31个省、自治区和直辖市；覆盖了大学毕业生能够从事的636个职业，其中高职高专毕业生能够从事的586个职业；覆盖了大学毕业生就业的323个行业。

2. 调查对象

毕业半年后的2014届大学毕业生：包括"211"院校、非"211"本科院校、高职高专院校、本科院校的高职高专部的毕业生，不包括成人高等教育、军事院校和港澳台院校的毕业生。

毕业三年后的2011届大学毕业生：包括"211"院校、非"211"本科院校、高职高专院校、本科院校的高职高专部的毕业生，不包括成人高等教育、军事院校和港澳台院校的毕业生。

3. 调查方式

分别向毕业半年后的2014届大学毕业生和毕业三年后的2011届大学毕业生以电子邮件方式发放答题邀请函、问卷客户端链接和账户号，两类调查的问卷不同。答卷人回答问卷，答题时间为15～30分钟。

4. 调查对象分类

2014届大学毕业生毕业半年后社会需求与培养质量调查分为八类大学毕业生群体：

---

① 参见《2012年中国大学生就业报告》（就业蓝皮书）。

（1）受雇就业，分为受雇全职工作（包括与专业有关和与专业无关）、受雇半职工作两类；

（2）自主创业；

（3）毕业后入伍；

（4）毕业后立刻在国内或国外读研（针对本科毕业生）；

（5）毕业后读本科（针对高职高专毕业生）；

（6）没有就业和求职，在家准备考研或留学；

（7）没有就业，继续求职；

（8）没有就业，暂不求职并且也不准备求学。

2011届大学毕业生毕业三年后职业发展调查分为六类大学毕业生群体：

（1）受雇就业，分为与专业有关工作和与专业无关工作两类；

（2）自主创业；

（3）正在读研；

（4）正在读本科（针对高职高专毕业生）；

（5）没有就业，继续求职；

（6）没有就业，暂不求职并且也不准备求学。

5. 调查问题分类

2014届大学毕业生毕业半年后社会需求与培养质量调查的问题分为以下七类：

（1）就业状况；

（2）基本工作能力、核心知识；

（3）自主创业；

（4）读研（针对本科毕业生）；

（5）专升本（针对高职高专毕业生）；

（6）校友评价；

（7）社团活动参与情况和素养提升。

2011届大学毕业生毕业三年后职业发展调查的问题分为以下六类：

（1）就业状况；

（2）工作稳定性；

（3）基本工作能力；

（4）职位晋升；

（5）培训；

（6）校友评价。

二　研究概况

（一）研究目标

本调查研究采用麦可思公司自主研发的"麦可思中国高等教育供需追踪系统"（CHEFS）来进行。CHEFS 是"以社会需求信息为依据的就业导向"的评价系统，通过跟踪大学毕业生的社会需求满足、就业质量与读研学术准备的结果，把分析结果反馈给高等教育机构，以帮助高等教育机构按社会需求来改进其招生、专业设置、课程设置、课程内容、教学方式和求职服务，实现以社会需求和培养结果评价为重要依据的高校管理过程控制。

（二）研究目的

（1）了解 2014 届大学生毕业半年后的就业状态及就业满意度，发现其在满足社会需求方面存在的问题；

（2）了解 2014 届大学毕业生的专业预警情况；

（3）了解 2014 届大学毕业生对高等教育的满意度以及对母校的推荐度；

（4）通过大学毕业生工作中的自我评估，了解大学毕业生毕业时掌握的基本能力和核心知识是否适应其岗位的情况，反映今后的能力培养侧重点；

（5）了解 2014 届大学毕业生的自主创业及升学状况；

（6）了解 2014 届大学毕业生的社团活动和素养的提升状况；

（7）了解 2011 届大学生毕业三年后的月收入、专业相关度和职位晋升情况；

（8）了解 2011 届大学生毕业三年后的工作稳定性，即毕业三年内职业、行业转换等；

（9）了解 2011 届大学生毕业三年内的培训情况及其对个人职业发展的影响；

（10）了解 2011 届大学生毕业三年后对基本工作能力的重要性评价；

（11）了解 2011 届大学生毕业三年后的自主创业和学历提升状况。

（三）研究样本

本调查需提醒读者注意以下几点：

（1）答题通过电子问卷客户端实现，未被邀请的答题将视为无效问卷。

（2）本研究对调查答题和未答题的样本进行了检验，没有发现存在自我选择性样本偏差问题（Self-selection Bias）[①]。

（3）专业和地区样本的分布与实际分布见表 1 至表 8，大学毕业生的实际分布比例来自中华人民共和国国家统计局网站。对于样本与实际比例的明显差异可能带来的统计误差，本研究采用权数加以修正。

表 1　2014 届本科毕业生调查样本分布与实际分布对比

单位：%

本科 学科门类	2014 届本科 调查样本分布	2014 届本科 毕业生实际分布	本科 学科门类	2014 届本科 调查样本分布	2014 届本科 毕业生实际分布
工　学	31.5	31.4	法　学	3.9	3.9
文　学	18.9	19.2	教育学	2.6	3.6
管理学	17.9	17.2	农　学	1.1	1.8
理　学	10.5	10.2	历史学	<1.0*	0.5
经济学	7.2	5.9	哲　学	<1.0	0.1
医　学	6.1	6.2			

*表中调查样本分布小于 1.0% 的数值均用 "<1.0" 表示，下同。

数据来源：麦可思–中国 2014 届大学毕业生社会需求与培养质量调查；中华人民共和国国家统计局。

---

① 自我选择性样本偏差问题：是指调查中存在某类群体选择答题的概率和其他群体有明显不同。例如，可能存在就业的毕业生更容易选择参与答题，而没有就业的学生可能不愿意参加答题等现象。

表2　2014届高职高专毕业生调查样本分布与实际分布对比

单位：%

高职高专专业大类	2014届高职高专调查样本分布	2014届高职高专毕业生实际分布	高职高专专业大类	2014届高职高专调查样本分布	2014届高职高专毕业生实际分布
财经大类	22.4	21.2	材料与能源大类	2.2	1.4
制造大类	14.7	13.0	生化与药品大类	2.1	2.4
土建大类	12.2	11.2	轻纺食品大类	1.6	1.7
电子信息大类	10.0	9.7	农林牧渔大类	1.4	1.8
文化教育大类	8.0	10.6	水利大类	<1.0	0.4
医药卫生大类	7.6	9.6	公共事业大类	<1.0	1.0
交通运输大类	6.0	4.4	法律大类	<1.0	1.2
艺术设计传媒大类	3.6	4.8	环保、气象与安全大类	<1.0	0.5
旅游大类	3.2	3.3	公安大类	<1.0	0.3
资源开发与测绘大类	2.3	1.5			

数据来源：麦可思 – 中国2014届大学毕业生社会需求与培养质量调查；中华人民共和国国家统计局。

表3　2014届各经济区域本科毕业生调查样本分布与实际分布对比

单位：%

各经济区域	2014届本科调查样本分布	2014届本科毕业生实际分布	各经济区域	2014届本科调查样本分布	2014届本科毕业生实际分布
泛长江三角洲区域经济体	21.8	20.9	西南区域经济体	12.1	11.6
泛渤海湾区域经济体	21.2	20.3	东北区域经济体	8.4	11.0
中原区域经济体	16.8	16.2	陕甘宁青区域经济体	7.2	6.9
泛珠江三角洲区域经济体	12.5	12.0	西部生态经济区	<1.0	1.1

数据来源：麦可思 – 中国2014届大学毕业生社会需求与培养质量调查；中华人民共和国国家统计局。

表4 2014届各经济区域高职高专毕业生调查样本分布与实际分布对比

单位：%

各经济区域	2014届高职高专调查样本分布	2014届高职高专毕业生实际分布	各经济区域	2014届高职高专调查样本分布	2014届高职高专毕业生实际分布
泛渤海湾区域经济体	21.3	21.3	西南区域经济体	11.2	11.2
泛长江三角洲区域经济体	20.7	20.7	东北区域经济体	6.6	6.6
中原区域经济体	18.3	18.3	陕甘宁青区域经济体	6.1	6.1
泛珠江三角洲区域经济体	14.4	14.4	西部生态经济区	1.4	1.4

数据来源：麦可思－中国2014届大学毕业生社会需求与培养质量调查；中华人民共和国国家统计局。

表5 2011届本科毕业生调查样本分布与实际分布对比

单位：%

本科学科门类	2011届本科毕业三年后调查样本分布	2011届本科毕业生实际分布	本科学科门类	2011届本科毕业三年后调查样本分布	2011届本科毕业生实际分布
工 学	32.7	31.6	医 学	2.3	6.2
管理学	19.1	16.5	教育学	2.1	3.5
文 学	17.0	19.1	农 学	1.6	1.9
理 学	11.2	10.5	历史学	<1.0	0.5
经济学	8.4	6.0	哲 学	<1.0	0.1
法 学	5.0	4.1			

数据来源：麦可思－中国2011届大学毕业生三年后职业发展调查；中华人民共和国国家统计局。

表6 2011届高职高专毕业生调查样本分布与实际分布对比

单位：%

高职高专专业大类	2011届高职高专毕业三年后调查样本分布	2011届高职高专毕业生实际分布	高职高专专业大类	2011届高职高专毕业三年后调查样本分布	2011届高职高专毕业生实际分布
财经大类	21.0	21.4	旅游大类	2.7	3.7
制造大类	14.7	13.4	轻纺食品大类	2.6	2.2
电子信息大类	13.3	13.0	材料与能源大类	2.4	1.4
土建大类	9.9	6.9	资源开发与测绘大类	2.3	1.2

续表

高职高专专业大类	2011 届高职高专毕业三年后调查样本分布	2011 届高职高专毕业生实际分布	高职高专专业大类	2011 届高职高专毕业三年后调查样本分布	2011 届高职高专毕业生实际分布
文化教育大类	8.8	12.7	环保、气象与安全大类	<1.0	0.5
交通运输大类	5.0	3.5	公共事业大类	<1.0	1.0
生化与药品大类	4.4	2.7	法律大类	<1.0	1.6
艺术设计传媒大类	3.9	4.8	水利大类	<1.0	0.3
医药卫生大类	3.8	7.0	公安大类	<1.0	0.6
农林牧渔大类	2.9	2.1			

数据来源：麦可思－中国 2011 届大学毕业生三年后职业发展调查；中华人民共和国国家统计局。

表7　2011 届各经济区域本科毕业生调查样本分布与实际分布对比

单位：%

各经济区域	2011 届本科毕业三年后调查样本分布	2011 届本科毕业生实际分布	各经济区域	2011 届本科毕业三年后调查样本分布	2011 届本科毕业生实际分布
泛长江三角洲区域经济体	22.5	22.0	西南区域经济体	11.1	10.8
泛渤海湾区域经济体	20.8	20.3	东北区域经济体	10.2	12.3
中原区域经济体	15.6	15.1	陕甘宁青区域经济体	7.3	6.8
泛珠江三角洲区域经济体	11.8	11.4	西部生态经济区	<1.0	1.3

数据来源：麦可思－中国 2011 届大学毕业生三年后职业发展调查；中华人民共和国国家统计局。

表8　2011 届各经济区域高职高专毕业生调查样本分布与实际分布对比

单位：%

各经济区域	2011 届高职高专毕业三年后调查样本分布	2011 届高职高专毕业生实际分布	各经济区域	2011 届高职高专毕业三年后调查样本分布	2011 届高职高专毕业生实际分布
中原区域经济体	21.9	19.1	西南区域经济体	10.7	9.9
泛长江三角洲区域经济体	19.5	20.7	陕甘宁青区域经济体	6.9	6.3
泛渤海湾区域经济体	18.6	22.2	东北区域经济体	5.9	7.3
泛珠江三角洲区域经济体	15.2	13.3	西部生态经济区	1.3	1.2

数据来源：麦可思－中国 2011 届大学毕业生三年后职业发展调查；中华人民共和国国家统计局。

（四）研究过程

本调查研究分为三个步骤：信息反馈、数据分析及指标呈现。

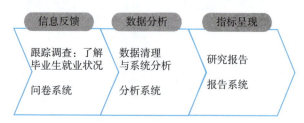

图1　调查研究的三个步骤

（五）基本研究框架

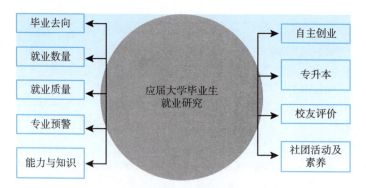

图2　分报告一基本研究框架

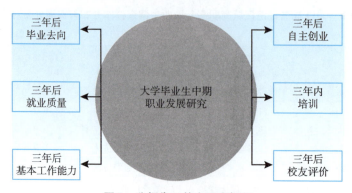

图3　分报告二基本研究框架

分报告一　应届高职高专毕业生就业报告

第一章　毕业去向

一　总体毕业去向分布

1. 在 2014 届大学毕业生中，有 80.6% 的人毕业半年后受雇全职或半职工作，2.9% 的人自主创业，0.4% 的人入伍；有 8.9% 的人升学，其中 5.9% 正在国内读研，0.9% 正在港澳台地区及国外读研，2.1% 正在读本科；有 7.2% 的人处于失业状态，其中 0.9% 准备在国内外读研，3.7% 准备继续寻找工作，还有 2.6% 放弃了继续求职和求学。

2. 2014 届大学生毕业半年后"受雇全职工作"的比例（79.2%）与 2013 届、2012 届（分别为 80.6%、81.3%）相比有所下降；"自主创业"的比例（2.9%）、"正在读研或读本"的比例（8.9%）与 2013 届、2012 届（"自主创业"分别为 2.3%、2.0%，"正在读研或读本"分别为 8.0%、7.1%）相比有所提升；而"无工作，继续寻找工作"的比例（3.7%）与 2013 届、2012 届（分别为 4.7%、5.3%）相比有所下降，处于失业状态的人群连续三届呈下降趋势。

3. 2014 届高职高专生毕业半年后"受雇全职工作"的比例（81.7%）与 2013 届、2012 届（分别为 82.5%、83.0%）相比有所下降，连续三届呈下降趋势；"自主创业"的比例（3.8%）与 2013 届、2012 届（分别为 3.3%、2.9%）相比有所提升，连续三届呈上升趋势；"毕业后读本科"的比例（4.2%）与 2013 届、2012 届（分别为 3.8%、3.3%）相比有所提

升，连续三届呈上升趋势。

二 就业地分布

2014届高职高专生毕业半年后就业区域主要集中在泛渤海湾区域（包括北京、天津、山东、河北、内蒙古、山西），占22.8%；泛长江三角洲区域（包括上海、江苏、浙江、江西、安徽），占21.6%；泛珠江三角洲区域（包括广东、广西、福建、海南），占20.2%。

三 就业城市类型

2014届大学生毕业半年后有18%在直辖市就业，28%在副省级城市就业，54%在地级城市及以下就业。其中，本科毕业生比高职高专毕业生在直辖市就业的比例高8个百分点（分别为22%和14%）。我国大学生连续三届就业的城市类型分布比较稳定，没有数据表明现在的大学毕业生和之前的相比，在不同类型城市的就业比例存在明显差异。

第二章 就业数量

一 总体就业率

1. 2014届大学生毕业半年后的就业率（92.1%）比2013届（91.4%）略有上升，比2012届（90.9%）上升1.2个百分点。其中，本科院校2014届毕业生毕业半年后的就业率为92.6%，比2013届、2012届（分别为91.8%、91.5%）有所上升（分别上升0.8个、1.1个百分点）；高职高专院校2014届毕业生毕业半年后的就业率为91.5%，比2013届（90.9%）略有上升，比2012届（90.4%）上升1.1个百分点。从近三届的趋势可以看出，大学毕业生毕业半年后的就业率呈现上升趋势。

2. 2014届泛珠江三角洲区域经济体高职高专院校毕业生毕业半年后的就业率最高（92.7%），西部生态经济区最低（87.5%）。

二 专业分析

1. 2014届高职高专生毕业半年后就业率最高的专业大类是材料与能源大类（92.7%），最低的是资源开发与测绘大类（87.3%）。2014届高职高专生毕业半年后就业率最高的专业类是城市轨道运输类（94.2%），最低的是畜牧兽医类（86.6%）。从三届的就业率变化趋势可以看出，高职高专专业大类中的材料与能源大类、制造大类、财经大类、土建大类、电子信息大类、文化教育大类、医药卫生大类、艺术设计传媒大类毕业生毕业半年后就业率持续上升。

2. 2014届高职高专生毕业半年后就业率前三位的专业是电气化铁道技术（98.4%）、铁道工程技术（98.0%）、医学检验技术（96.7%）。

三 职业分析

1. 2014届高职高专生毕业半年后从事最多的职业类是"销售"，就业比例为11.0%，其次是"财务/审计/税务/统计"（10.8%）。与2012届相比，2014届高职高专毕业生就业比例增加最多的职业类为"医疗保健/紧急救助"，增加了4.3个百分点；就业比例降低最多的职业类为"计算机与数据处理"，降低了1.5个百分点。

2. 从三届的就业趋势中可以看出，在就业比例排名前五位的职业类中，高职高专毕业生从事"医疗保健/紧急救助"职业类的比例逐届增加，从事"财务/审计/税务/统计"职业类的比例与往届相比有所降低。

四 行业分析

1. 2014届高职高专生毕业半年后就业最多的行业类是"建筑业"（12.8%），其次是"医疗和社会护理服务业"（7.6%）和"零售商业"（6.5%）等。与2012届相比，2014届高职高专毕业生就业比例增加最多的行业类为"医疗和社会护理服务业"，增加了4.4个百分点；就业比例降低最多的行业类是"媒体、信息及通信产业"，降低了1.5个百分点。

2. 从三届的就业趋势可以看出，在就业比例排名前五位的行业类中，高职高专毕业生在"医疗和社会护理服务业"、"金融（银行/保险/证券）业"行业类就业的比例逐届增加，在"电子电气仪器设备及电脑制造业"行业类就业的比例逐届降低。

五 用人单位分析

1. "民营企业/个体"是2014届大学毕业生就业最多的用人单位类型，

本科院校中有 50% 的毕业生就业于"民营企业/个体"，高职高专院校中有 65% 的毕业生就业于"民营企业/个体"。

2. 2014 届大学毕业生就业比例最高的用人单位规模是 300 人及以下的中小型用人单位（51%），其中本科毕业生这一比例为 47%，高职高专毕业生为 56%。

六 未就业分析

1. 2014 届大学生毕业半年后的失业率（7.9%）比 2013 届（8.6%）下降 0.7 个百分点，比 2012 届（9.1%）下降 1.2 个百分点。其中，本科院校 2014 届毕业生失业率（7.4%）比 2013 届（8.2%）下降 0.8 个百分点，比 2012 届（8.5%）下降 1.1 个百分点；高职高专院校 2014 届毕业生失业率（8.5%）比 2013 届（9.1%）下降 0.6 个百分点，比 2012 届（9.6%）下降 1.1 个百分点。从近三届的趋势可以看出，大学毕业生毕业半年后的失业率呈现下降趋势。

2. 2014 届高职高专毕业生失业率最高的专业为语文教育（14.7%），其次为畜牧兽医（14.4%）。

3. 在 2014 届各类院校毕业生的未就业人群中，大多数毕业生还在继续找工作。本科院校处于未就业状态的毕业生（6.4%）中有 28% 为"待定族"（不求学不求职），高职高专院校处于未就业状态的毕业生（8.1%）中有 42% 为"待定族"。

4. 在 2014 届本科院校毕业半年后的"待定族"中，有 25% 的毕业生在准备公务员考试，有 12% 的毕业生准备创业。在高职高专院校毕业半年后的"待定族"中，有 22% 的毕业生准备创业，有 8% 的毕业生在准备公务员考试。

第三章 就业质量

一 就业满意度

1. 2014 届大学毕业生的就业满意度为 61%，比 2013 届（56%）高 5 个百分点。其中，本科院校 2014 届毕业生的就业满意度为 62%，比 2013 届

（58%）高 4 个百分点；高职高专院校 2014 届毕业生的就业满意度为 59%，比 2013 届（54%）高 5 个百分点。

2. 2014 届高职高专毕业生对就业现状不满意的主要原因是"收入低"（66%）、"发展空间不够"（59%）。

3. 在 2014 届高职高专专业大类中，就业满意度最高的为文化教育大类（63%），最低的为资源开发与测绘大类（52%）。

4. 2014 届高职高专生毕业半年后就业满意度最高的职业是"铁路闸、铁路信号和转辙器操作员"（79%）；最低的职业是"搬运工（不包括机器操作人员）"（32%）。

5. 2014 届高职高专生毕业半年后就业满意度最高的行业是"铁路运输业"和"航空运输服务业"（均为 76%）；最低的行业是"铝制品加工及制造业"（42%）。

6. 2014 届高职高专生毕业半年后在"政府机构/科研或其他事业单位"的就业满意度最高（69%）；在"民营企业/个体"和"非政府或非营利组织（NGO 等）"的就业满意度最低（均为 56%）。

7. 2014 届高职高专生毕业半年后在泛长江三角洲区域经济体就业的满意度最高（61%），其次为泛渤海湾区域经济体（60%）。

二 职业期待吻合度

1. 2014 届大学毕业生工作与职业期待的吻合度为 46%，比 2013 届（43%）高 3 个百分点。其中，本科院校 2014 届毕业生工作与职业期待的吻合度为 49%，比 2013 届（46%）高 3 个百分点；高职高专院校 2014 届毕业生工作与职业期待的吻合度为 43%，比 2013 届（40%）高 3 个百分点。

2. 认为工作与职业期待不吻合的 2014 届高职高专毕业生中，有 33% 的人认为是"不符合我的职业发展规划"，其次是"不符合我的兴趣爱好"（23%）。

3. 在 2014 届高职高专专业大类中，毕业生毕业半年后职业期待吻合度最高的为医药卫生大类（50%），最低的为资源开发与测绘大类（37%）。

三 薪资分析

1. 2014届大学毕业生月收入（3487元）比2013届（3250元）增长了237元，比2012届（3048元）增长了439元。其中，2014届本科毕业生月收入（3773元）比2013届（3560元）增长了213元，比2012届（3366元）增长了407元；2014届高职高专毕业生月收入（3200元）比2013届（2940元）增长了260元，比2012届（2731元）增长了469元。从近三届的趋势可以看出，大学毕业生毕业半年后的月收入呈现上升趋势。

2. 2014届高职高专毕业生月收入在5000元以上的比例为12.0%，比2013届（8.1%）高3.9个百分点；月收入在1500元以下的比例为3.0%，比2013届（4.0%）低1.0个百分点。

3. 在2014届高职高专专业大类中，毕业生毕业半年后月收入最高的是交通运输大类（3604元），最低的是医药卫生大类（2745元）。

4. 2014届高职高专生毕业半年后月收入最高的职业类是"矿山/石油"（3823元），其次是"金融（银行/基金/证券/期货/理财）"（3782元）。

5. 2014届高职高专生毕业半年后月收入最高的行业类为"金融（银行/保险/证券）业"（3720元），其次是"运输业"（3677元）。

6. 2014届高职高专毕业生毕业半年后在"中外合资/外资/独资"单位就业的人群月收入最高（3484元）；与2013届相比，2014届大学毕业生在各类型用人单位就业的月收入都有所上升。

7. 2014届高职高专毕业生在"3000人以上"规模的大型用人单位就业的月收入最高（3611元）；与2013届相比，2014届大学毕业生在各规模用人单位就业的月收入都有所上升。

8. 2014届高职高专生毕业半年后在泛长江三角洲区域经济体就业的月收入最高，为3369元。

四 工作与专业相关度

1. 2014届本科和高职高专毕业生的工作与专业相关度分别为69%、62%，均与2013届、2012届（分别为69%、62%）持平。从近三届的趋势可以看出，大学毕业生的工作与专业相关度呈现平稳发展趋势。

2.2014 届高职高专毕业生选择与专业无关工作的主要原因是"迫于现实先就业再择业"（29%）、"专业工作不符合自己的职业期待"（28%）。

3. 在 2014 届高职高专专业大类中，专业相关度最高的是医药卫生大类（89%），其次是材料与能源大类（79%），最低的是公共事业大类（45%）。

五 离职率

1.2014 届大学毕业生毕业半年内的离职率（33%）与 2013 届（34%）基本持平。其中，本科院校 2014 届毕业生毕业半年内离职率为 23%，与 2013 届（24%）基本持平，高职高专院校 2014 届毕业生毕业半年内离职率为 42%，与 2012 届（43%）基本持平。

2. 在 2014 届高职高专专业大类中，医药卫生大类半年内离职率最低（20%），艺术设计传媒大类的半年内离职率最高（51%）。

3.2014 届高职高专毕业生毕业半年内离职的人群有 98% 发生过主动离职，主动离职的主要原因是"个人发展空间不够"、"薪资福利偏低"（均为 49%）。

第四章 专业预警

1.2015 年高职高专就业红牌专业包括法律事务、语文教育、初等教育、投资与理财、应用日语、国际金融；黄牌专业包括会计电算化、工商企业管理、计算机多媒体技术、计算机应用技术。以上专业部分与 2014 年的红黄牌专业相同，属于失业量较大，就业率、月收入和就业满意度综合较低的高失业风险型专业。

2.2015 年高职高专就业绿牌专业包括铁道工程技术、电气化铁道技术、石油化工生产技术、电力系统自动化技术、供用电技术、楼宇智能化工程技术。以上专业部分与 2014 年的绿牌专业相同，属于失业量较小，就业率、月收入和就业满意度综合较高的需求增长型专业。

第五章 能力与知识

一 基本工作能力

1. 无论是本科毕业生还是高职高专毕业生，其毕业时掌握的基本工作

能力水平均低于工作岗位要求的水平。

2.2014届高职高专毕业生在理解交流能力中最重要的是有效的口头沟通能力（重要度为72%），其满足度为84%；科学思维能力中最重要的是科学分析能力（重要度为62%），其满足度为84%；管理能力中最重要的是说服他人能力（重要度为74%），其满足度为75%；应用分析能力中最重要的是新产品构思能力（重要度为68%），其满足度为76%；动手能力中最重要的是电脑编程能力（重要度为74%），其满足度为66%。

二 核心知识

2014届高职高专毕业生最重要的核心知识是销售与营销知识（重要度为66%），其满足度较低（75%）。

第六章 自主创业

一 自主创业分布

1.2014届大学毕业生自主创业比例为2.9%，比2013届（2.3%）高0.6个百分点，比2012届（2.0%）高0.9个百分点。2014届高职高专毕业生自主创业比例（3.8%）高于本科毕业生（2.0%）。从近三届的趋势可以看出，大学毕业生自主创业的比例呈现上升趋势。

2.2014届高职高专毕业生自主创业比例最高的就业经济区域为泛长江三角洲区域经济体和中原区域经济体（均为4.6%）。

3.2014届高职高专毕业生自主创业主要集中在销售职业类（19.9%）。2014届高职高专毕业生自主创业集中的前两位行业类是零售商业（14.2%）和建筑业（8.2%）。

二 自主创业动机

创业理想是2014届高职高专毕业生自主创业最重要的动力（45%），因为找不到合适的工作才创业的比例较小（6%）。加强创业意识的培养才是提升毕业生自主创业率的有效途径。

三 自主创业资金来源

2014届高职高专毕业生自主创业的资金主要依靠父母/亲友投资或借贷

和个人积蓄（78%），而来自政府资助（2%）、商业性风险投资（1%）的比例均较小。

第七章　专升本

2014 届高职高专生毕业后有 4.2% 选择了专升本，专升本比例最高的高职高专专业大类是文化教育大类（7.0%）。2014 届高职高专毕业生选择读本科的主要原因是职业发展需要（32%）、就业前景好（26%）和想去更好的大学（22%）。

第八章　校友评价

一　校友满意度

1. 2014 届大学毕业生对母校的总体满意度为 88%，比 2013 届（86%）高 2 个百分点，比 2012 届（85%）高 3 个百分点。其中，本科院校校友满意度为 89%，比 2013 届（87%）高 2 个百分点，比 2012 届（86%）高 3 个百分点；高职高专院校校友满意度为 87%，比 2013 届（85%）高 2 个百分点，比 2012 届（83%）高 4 个百分点。从近三届的趋势可以看出，大学毕业生对母校的总体满意度呈现上升趋势。

2. 泛长江三角洲区域经济体的 2014 届高职高专毕业生对母校的总体满意度最高（89%）。

3. 2014 届大学毕业生对母校的教学满意度为 85%，略高于 2013 届（83%）。其中，本科院校 2014 届毕业生对母校的教学满意度为 83%，略高于 2013 届（81%）；高职高专院校 2014 届毕业生对母校的教学满意度为 86%，略高于 2013 届（84%）。

4. 2014 届高职高专毕业生认为母校的教学最需要改进的地方为"实习和实践环节不够"（62%），其次为"无法调动学生学习兴趣"（50%）。

5. 2014 届大学毕业生对母校的学生工作满意度为 81%，与 2013 届（80%）基本持平。其中，本科院校 2014 届毕业生对母校的学生工作满意度为 80%，与 2013 届（79%）基本持平；高职高专院校 2014 届毕业生对

母校的学生工作满意度为81%，与2013届（80%）基本持平。

6. 2014届高职高专毕业生认为母校的学生工作最需要改进的地方是"与辅导员或班主任接触时间太少"（49%），其次是"学生社团活动组织不够好"（42%）。

7. 2014届大学毕业生对母校的生活服务满意度为81%，与2013届（80%）基本持平。其中，本科院校2014届毕业生对母校的生活服务满意度为82%，与2013届（82%）持平；高职高专院校2014届毕业生对母校的生活服务满意度为80%，略高于2013届（78%）。

8. 2014届高职高专毕业生认为母校的生活服务最需要改进的地方是"食堂饭菜质量及服务不够好"（47%），其次是"学校洗浴服务不够好"（39%）。

二 校友推荐度

2014届大学毕业生对母校的推荐度为63%，比2013届（60%）高3个百分点，比2012届（59%）高4个百分点。其中，本科院校2014届毕业生对母校的推荐度为64%，比2013届、2012届（均为61%）均高3个百分点；高职高专院校为61%，比2013届（58%）高3个百分点，比2012届（57%）高4个百分点。从近三届的趋势可以看出，大学毕业生对母校的推荐度呈现上升趋势。

第九章　社团活动及素养

一 社团活动

2014届高职高专毕业生在校期间参与度最高的社团活动为"公益类"（26%），其次为"体育户外类"（20%）。有28%的高职高专毕业生没有参加任何社团活动。在对参加的各类社团活动进行评价时，2014届高职高专毕业生满意度最高的活动为"公益类"（86%）。

二 素养

1. 2014届高职高专工程类专业毕业生认为在校期间大学对自己素养提升较高的方面为"人生的乐观态度"（62%）、"团队合作"（61%）、"积极努力、追求上进"（60%）；此外，还有5%的高职高专工程类专业毕业生认为大学对素养的提升没有任何帮助。

2. 2014届高职高专艺术类专业毕业生认为在校期间大学对自己素养提升较高的方面为"艺术修养"（62%）、"人生的乐观态度"（60%）、"积极努力、追求上进"（57%）；此外，还有5%的高职高专艺术类专业毕业生认为大学对素养的提升没有任何帮助。

3. 2014届高职高专医学类专业毕业生认为在校期间大学对自己素养提升较高的方面为"健康卫生"（64%）、"积极努力、追求上进"（60%）、"职业道德"（59%）、"人生的乐观态度"（58%）；此外，还有2%的高职高专医学类专业毕业生认为大学对素养的提升没有任何帮助。

2014届高职高专其他类专业毕业生认为在校期间大学对自己素养提升较高的方面为"人生的乐观态度"（64%）、"积极努力、追求上进"（63%）；此外，还有4%的高职高专其他类专业毕业生认为大学对素养的提升没有任何帮助。

分报告二　高职高专毕业生中期职业发展报告

第一章　三年后毕业去向

一　总体分布

2011届大学生毕业三年后有87.8%受雇全职工作（本科为90.3%，高职高专为85.4%），5.5%的人自主创业（本科为3.3%，高职高专为7.7%），2.3%的人正在读研（本科为3.7%，高职高专为0.8%），2.2%的人"无工作，继续寻找工作"（本科为1.4%，高职高专为3.0%），还有2.1%的人无工作，且既没有求职也没有求学（本科为1.3%，高职高专为2.9%），有0.2%的高职高专毕业生正在读本科。

二　职业分布

1. 有41%的2011届大学生毕业三年内转换了职业（本科为33%，高职高专为49%），与2010届三年内该指标（41%）持平。

2. 在 2011 届高职高专主要专业大类中，旅游大类的高职高专毕业生毕业三年内职业转换率最高（63%），其次是农林牧渔大类（58%）；资源开发与测绘大类的职业转换率最低（30%）。

3. 在 2011 届高职高专生毕业三年内转换过的职业类中，被转入最多的职业是"销售"（14.4%），其次是"建筑工程"（8.5%）。

三　行业分布

1. 有 48% 的 2011 届大学生在毕业三年内转换了行业（本科为 41%，高职高专为 55%），与 2010 届三年内该指标（48%）持平。

2. 在 2011 届高职高专主要专业大类中，艺术设计传媒大类的毕业生毕业三年内的行业转换率最高（65%），其次是旅游大类（62%）；医药卫生大类的行业转换率最低（33%）。

3. 2011 届高职高专生毕业三年内转换行业中被转入最多的行业类是"建筑业"（10.6%），其次为"零售商业"（8.6%）。

第二章　三年后就业质量

一　就业满意度

1. 2011 届大学生毕业三年后的就业满意度为 50%，即在就业的毕业生中，有 50% 对自己的就业现状表示满意（本科为 52%，高职高专为 47%），比 2010 届该指标（43%）增长了 7 个百分点。

2. 2011 届高职高专生毕业三年后就业满意度最高的专业大类是文化教育大类（53%），就业满意度最低的专业大类是资源开发与测绘大类、制造大类（均为 43%）。

3. 2011 届高职高专生毕业三年后就业满意度最高的职业类是"金融（银行/基金/证券/期货/理财）"（59%），就业满意度最低的职业类是"机械/仪器仪表"（37%）。

4. 2011 届高职高专生毕业三年后就业满意度最高的行业类是"金融（银行/保险/证券）业"（59%）；就业满意度最低的行业类是"机械五金制造业"（39%）。

5. 2011届高职高专生毕业三年后就业满意度最高的用人单位类型是"政府机构/科研或其他事业单位"（57%）；就业满意度最低的用人单位类型是"民营企业/个体"（44%）。

二 薪资分析

1. 2011届大学生毕业三年后平均月收入为5484元（本科为6155元，高职高专为4812元）。2011届毕业生毕业半年后的月收入为2766元（本科为3051元，高职高专为2482元），三年来月收入增长2718元，涨幅比例为98%。其中，本科增长3104元，涨幅比例为102%；高职高专增长2330元，涨幅比例为94%。

2. 2011届高职高专生毕业三年后有5.9%的人月收入在10000元及以上，有16.0%的人月收入在3000元以下。

3. 2011届本科生毕业三年后学历提升为硕士的比例为13.5%，高职高专生毕业三年后学历提升为本科的比例为30.7%。

4. 2011届大学毕业生在毕业三年后学历提升的人群月收入为5394元，略低于学历一直未提升的人群月收入（5518元）。其中，本科毕业三年后学历为硕士的人群月收入为6088元，学历仍然为本科的人群月收入为6180元。高职高专毕业三年后学历为本科的人群月收入为4699元，学历仍然为高职高专的人群月收入为4855元。学历提升人群可能因毕业时间短还不能收到学历提升带来的更大的教育回报。

5. 2011届高职高专专业大类中三年后月收入最高的是交通运输大类，为5469元，高于该专业大类半年后月收入（2625元）2844元；三年后月收入最低的是文化教育大类，为4067元，高于该专业大类半年后月收入（2287元）1780元。

6. 2011届高职高专生毕业三年后从事"经营管理"职业类的三年后月收入最高，为6241元，高于毕业半年后从事该职业类的高职高专毕业生月收入（2846元）3395元，涨幅比例为119%。毕业三年后月收入最低的是从事"中小学教育"职业类的高职高专毕业生，为3444元，高于毕业半年后从事该职业类的高职高专毕业生月收入（1947元）1497元。

7. 2011届高职高专生毕业三年后在"金融（银行/保险/证券）业"就业的毕业生月收入最高，为5743元，高于毕业半年后在该行业类就业的毕业生月收入（2746元）2997元；毕业三年后月收入最低的是就业于"政府及公共管理"的高职高专毕业生，为3571元，高于毕业半年后在该行业类就业的毕业生月收入（2387元）1184元。

8. 2011届高职高专生毕业三年后在"中外合资/外资/独资"单位就业的三年后月收入最高（5231元）；而在"民营企业/个体"就业的三年后月收入涨幅比例最大，为106%。

9. 2011届高职高专生毕业三年后在3000人以上规模的大型用人单位就业的三年后月收入最高（5394元）。

10. 2011届高职高专生毕业三年后在泛长江三角洲区域经济体就业的月收入最高（5433元），比毕业半年后增长2735元，涨幅比例为101%；在东北区域经济体就业的高职高专生毕业三年后月收入最低，为4151元，比毕业半年后增长2044元，涨幅比例为97%。

三 职位晋升

1. 2011届大学生毕业三年内有57%的人获得职位晋升。其中本科毕业生这一比例为54%，低于高职高专毕业生的晋升比例（60%）。

2. 2011届高职高专旅游大类毕业生毕业三年内获得职位晋升的比例最高（68%），医药卫生大类最低（43%）。

3. 2011届从事"经营管理"职业类的高职高专毕业生毕业三年内获得职位晋升的比例最高（87%），从事"医疗保健/紧急救助"职业类的毕业生获得职位晋升的比例最低（32%）。

4. 在"住宿和饮食业"、"艺术、娱乐和休闲业"就业的2011届高职高专毕业生毕业三年内获得职位晋升的比例最高（均为73%），在"医疗和社会护理服务业"就业的毕业生获得职位晋升的比例最低（38%）。

5. 2011届大学生毕业三年内平均获得职位晋升0.9次，其中本科毕业生为0.8次，略低于高职高专毕业生（1.0次）。

6. 2011届高职高专生毕业三年内，有31%获得过1次晋升，有10%获得过 3 次及以上的晋升。

7. 2011 届高职高专"轻纺食品大类"和"旅游大类"毕业生毕业三年内获得职位晋升的次数最多（均为 1.2 次），"医药卫生大类"和"环保、气象与安全大类"高职高专生毕业三年内获得职位晋升的次数最少（均为 0.6 次）。

8. 2011 届从事"经营管理"职业类的高职高专毕业生毕业三年内获得职位晋升的次数最多（1.9 次），从事"公安/检察/法院/经济执法"职业类的毕业生职位晋升次数最少（0.4 次）。

9. 在"艺术、娱乐和休闲业"就业的 2011 届高职高专毕业生获得职位晋升的次数最多（1.6 次），在"政府及公共管理"就业的毕业生获得职位晋升的次数最少（0.6 次）。

10. 2011 届高职高专毕业生职位晋升的类型主要是薪资的增加（73%）、工作职责的增加（71%）。

11. 2011 届高职高专毕业生认为对职位晋升有帮助的大学活动主要是假期实习/课外兼职（33%）、扩大社会人脉关系（33%）、课外自学的知识和技能（含培训）（32%）。

四　工作与专业相关度

1. 2011 届大学生毕业三年后工作与专业相关度为 61%，比 2011 届毕业半年后（64%）低 3 个百分点，比 2010 届毕业三年后（62%）低 1 个百分点。其中，本科生毕业三年后工作与专业相关度为 65%，比毕业半年后（67%）低 2 个百分点；高职高专生毕业三年后工作与专业相关度为 56%，比毕业半年后（60%）低 4 个百分点。

2. 在高职高专主要专业大类中，毕业三年后工作与专业相关度最高的是医药卫生大类（84%），最低的是旅游大类（36%）；其中艺术设计传媒大类工作与专业相关度三年内下降最多，下降了 13 个百分点，其次是电子信息大类，下降了 11 个百分点。

五　雇主数

1. 2011 届大学毕业生毕业三年内平均为 2.3 个雇主工作过，其中本科毕

业生的平均雇主数为 2.0 个，低于高职高专毕业生的平均雇主数（2.5 个）。

2. 2011 届高职高专的艺术设计类毕业生毕业三年内平均雇主数最多（2.8 个），高职高专民航运输类毕业生平均雇主数最少（1.9 个）。

3. 2011 届高职高专毕业生更换雇主较频繁，仅有 22% 的高职高专生毕业三年内一直为 1 个雇主工作，而雇主数为 4 个及以上的高职高专毕业生占比达到了 18%。

4. 在 2011 届高职高专毕业生中，毕业三年内一直为 1 个雇主工作的毕业生月收入最高（5191 元）。其工作过的雇主数越多，月收入反而越低。

第三章 三年后基本工作能力

2011 届高职高专生毕业三年后认为重要的工作能力包括有效的口头沟通、积极学习、学习方法、理解他人、协调安排、时间管理、谈判技能等。

第四章 三年后自主创业

一 自主创业人群分布

1. 2011 届大学生毕业半年后有 1.6% 的人自主创业（本科为 1.0%，高职高专为 2.2%）①，毕业三年后有 5.5% 的人自主创业（本科为 3.3%，高职高专为 7.7%），说明有更多的毕业生在毕业三年内选择了自主创业。

2. 毕业半年后自主创业的 2011 届高职高专毕业生中有 48.9% 的人三年后还在继续自主创业，比 2010 届（42.6%）增长了 6.3 个百分点；有 42.7% 的人选择了受雇全职工作，比 2010 届（50.3%）减少了 7.6 个百分点。

3. 2011 届高职高专生毕业三年后自主创业的人群在毕业半年后有 72.6% 处于受雇全职/半职工作状态，比 2010 届（79.6%）减少了 7.0 个百分点；有 17.8% 的人在毕业半年后自主创业，比 2010 届（12.3%）增长了 5.5 个百分点。

---

① 麦可思研究院编著《2012 年中国大学生就业报告》，社会科学文献出版社，2012。

4. 2011 届高职高专生毕业三年后自主创业人群月收入为 7292 元，比 2010 届该指标（6651 元）高 10%，比 2011 届高职高专生毕业三年后平均月收入（4812 元）高 52%。

二 自主创业人群职业、行业分布

2011 届高职高专生毕业三年后自主创业的职业主要集中在"总经理和日常主管"（4.7%），其次是"销售经理"（4.2%）。2011 届高职高专生毕业三年后自主创业的行业主要集中在"建筑装修业"（4.0%），其次是"其他个人服务业"（3.8%）。

三 自主创业人群最重要的基本工作能力

2011 届大学生毕业三年后自主创业人群认为创业最重要的基本工作能力是：有效的口头沟通、积极学习、时间管理、谈判技能、学习方法、理解他人和协调安排。

第五章 培训

一 接受培训的类型

2011 届高职高专生毕业三年内有 52% 接受过雇主提供的培训，12% 接受过自费培训，16% 既接受过自费培训又接受过雇主提供的培训，还有 20% 的人两类培训都没有接受过。

二 接受培训的原因

2011 届高职高专生毕业三年内接受自费培训的前三位原因是提升个人综合素质的需要（70%）、在现有工作单位做好工作或晋升（46%）、为转换职业和行业做准备（35%）。

三 接受培训的内容

2011 届高职高专生毕业三年内接受的最主要的自费培训是从业资格证书培训（68%）。2011 届高职高专生毕业三年内接受的最主要的雇主培训是岗位技能和知识培训（87%）、公司文化和价值观培训（64%）。

第六章 校友评价

2011 届高职高专生在毕业三年后认为母校专业教学中最需要改进的前

三位是实习和实践环节不够（44%）、无法调动学生学习兴趣（19%）、课程内容不实用或陈旧（17%）。

分报告三　专题研究：高职高专毕业生需求变化趋势分析

一　失业比例逐年下降

1. 2010～2014届高职高专毕业生失业比例五年来呈连续下降趋势，从11.6%降至8.1%。数据表明，这五年的下降主要由"无工作，继续寻找工作"的下降驱动，有求职意愿的毕业生通过继续寻找，在毕业半年后找到一份工作的机会逐年提高，反映了劳动力市场对高职高专毕业生的需求增长。

2. 失业比例下降的一个原因是毕业去向的分流。对非失业的毕业生去向进行细分，全职工作的比例基本持平，其余三种去向都有所上升。这些数据表明，高职高专毕业生的去向正在从"单一出口"（即"受雇全职工作"）向"多口径分流"（即"受雇半职工作"＋"自主创业"＋"毕业后读本科"）转变。其中，自主创业的比例从2.2%增长到3.8%，读本科的比例从2.6%增长到4.2%，两类去向的比例增长明显。这说明在《国家中长期教育改革和发展规划纲要（2010－2020年)》出台之后，鼓励大学生自主创业以及建立现代职业教育体系（尤其是高职高专与本科的课程衔接）的各项相关举措取得了初步成效。

3. 失业比例下降的另一个原因是产业升级对高技能劳动力的需求增长。2010～2014届高职高专毕业生的就业率在大部分专业大类都有所上升。根据麦可思调查，12个专业大类有这五年就业率的完整数据，其中11个都呈上升趋势。尤其是医药卫生大类从83.1%提高到91.2%，以增加了8.1个百分点领跑，紧随其后的是艺术设计传媒大类（增加了5.7个百分点）和电子信息大类（增加了5个百分点），组成了拉动高技能人才需求增长的"三驾马车"。

二 平均月收入逐年上升，跑赢通货膨胀

1. 2010～2014届高职高专毕业生毕业半年后的平均月收入从2142元增长到3200元，增幅为49%。考虑到通货膨胀因素，在根据CPI（即消费者物价指数，衡量通货膨胀程度的重要指标之一）进行调整后，2010～2014届高职高专毕业生毕业半年后的平均月收入从2142元增长到2828元，增幅为32%。这表明在剔除通货膨胀的影响之后，高职高专毕业生的实际收入仍然有明显提高。在这五年里，失业比例逐年下降、月收入逐年上升，这两大趋势同时出现，有力地证明了劳动力市场对高职高专毕业生的需求增长，整体上没有出现"为了降低失业比例而接受低收入"的低就业现象。

2. 从月收入的分布情况来看，2010～2014届高职高专毕业生的月收入峰值从2500元以下的低收入区间向3500元左右的中等收入区间移动。数据表明，高职高专毕业生里的"蚁族"现象在过去五年有所缓解，2010～2014届高职高专毕业生月收入在2000元（含）以下的所占比例明显逐年下降，依次为42.9%（2010届）、26.9%（2011届）、19.6%（2012届）、12.4%（2013届）、9.2%（2014届）。

3. 月收入的另一趋势在于低收入与高收入的差距加大。通过对收入在后10%和前10%的群体进行比较，2010～2014届高职高专毕业生月收入的"贫富差距"从1800元上升到3000元。根据前面提到的平均月收入逐年上升，2000元以下的低收入群体比例下降，可以推断出这一差距的加大主要由5000元以上的相对高收入群体驱动。收入作为一种劳动力市场的价格信号，高收入反映了市场需要这部分高技能人才，并认可他们所创造的价值。

三 支持城市化进程、产业升级与中小型民企发展

（一）六成在地级市及以下的地区就业

从毕业去向的城市类型来看，2010～2014届高职高专毕业生在地级市及以下地区就业的比例从56%上升到60%。数据表明，过去五年里，高职高专毕业生的就业城市分布已经初步出现"重心下沉"，就业比例在直辖市持平，在副省级城市有所下降，在地级市及以下的地区有所上升，达到六

成。如果照此趋势发展，大学生毕业去向与城市化进程的不匹配现象有望得到缓解甚至避免出现。

（二）医疗、建筑、交通运输的人才需求出现增长

从毕业生从事的主要职业与主要行业这两个指标来看，医疗、建筑、交通运输这三个产业在过去五年对高职高专毕业生的需求出现了增长，而制造、能源这两个产业出现了下降。在出现增长的产业里，建筑业比较特殊，其人才需求在 2010 届和 2012 届有明显的上升，之后两年出现波动。参考麦肯锡报告，建筑业也是属于增长较快的产业，2010 ~ 2020 年的高技能人才需求量将增长 300 万人。因此，与此处结论并不相悖。在出现下降的产业里，制造业主要是以加工为主的劳动密集型制造业，例如机械五金、电子电器、纺织皮革等。参考麦肯锡报告，珠江三角洲的低端制造业劳动力成本在 2011 年和 2012 年分别上涨了 11% 和 8%，迫使雇主把工厂搬到了劳动力成本更低的印度或越南，这个行业里对高技能人才的需求也相应减少。这是高职高专毕业生在制造业就业比例下降的一个原因。如果这些毕业生不能通过学校的培养和自身的努力，满足高端制造业对人才在知识、技能、素养方面的要求，那么出现毕业生供给与产业升级不匹配的风险就比较高。

（三）六成左右在中小型民企就业

从雇主类型来看，高职高专毕业生在民营企业/个体的就业比例基本持平，略有波动，在过去五年都维持在六成以上。其他类型的雇主需求也较稳定，唯一例外的是中外合资/外资/独资企业，2010 ~ 2014 届高职高专毕业生在其就业的比例从 13% 下降到 9%。这种趋势与前面提到的劳动力成本上升带来的外资撤离的经济形势方向一致。

从雇主规模来看，这五年无明显变化。2010 ~ 2014 届高职高专毕业生主要在 300 人及以下的中小型企业就业，比例在 56% 左右。参考麦肯锡报告，这些中小型企业通常无法提供大型企业那样系统、专业的入职培训，需要毕业生最好上岗就具有"可雇佣能力"，能有效沟通、解决复杂问题等。

结合麦可思数据，2010～2014届高职高专毕业生认为"有效的口头沟通"能力重要度在73%左右，满足度略有波动，从86%下降到79%再回升到84%；毕业生认为"解决复杂的问题"能力重要度在67%左右，满足度略有上升，从83%下降到79%再提高到86%。数据表明，在这些方面的能力培养需要一定时间的积累，短期内难以出现明显提升。但如果出现了能力的"短板"，例如前面提到这些能力满足度的下降，就会出现毕业生供给与雇主期待不匹配的现象。可喜的是数据也反映出一种"自我调节"的机制，不管是大学强化了这些能力的培养，还是毕业生自身的努力，这些能力的满足度在下降到79%之后都出现了回升的趋势。

分报告一　应届高职高专
毕业生就业报告

B.3

第一章

毕业去向

结论摘要

一　总体毕业去向分布

1. 在 2014 届大学毕业生中，有 80.6% 的人毕业半年后受雇全职或半职工作，2.9% 的人自主创业，0.4% 的人入伍；有 8.9% 的人升学，其中 5.9% 正在国内读研，0.9% 正在港澳台地区及国外读研，2.1% 正在读本科；有 7.2% 的人处于失业状态，其中 0.9% 准备在国内外读研，3.7% 准备继续寻找工作，还有 2.6% 放弃了继续求职和求学。

2. 2014 届大学生毕业半年后"受雇全职工作"的比例（79.2%）与 2013 届、2012 届（分别为 80.6%、81.3%）相比有所下降；"自主创业"

的比例（2.9%）、"正在读研或读本"的比例（8.9%）与2013届、2012届（"自主创业"分别为2.3%、2.0%，"正在读研或读本"分别为8.0%、7.1%）相比有所提升；而"无工作，继续寻找工作"的比例（3.7%）与2013届、2012届（分别为4.7%、5.3%）相比有所下降，处于失业状态的人群连续三届呈下降趋势。

3. 2014届高职高专生毕业半年后"受雇全职工作"的比例（81.7%）与2013届、2012届（分别为82.5%、83.0%）相比有所下降，连续三届呈下降趋势；"自主创业"的比例（3.8%）与2013届、2012届（分别为3.3%、2.9%）相比有所提升，连续三届呈上升趋势；"毕业后读本科"的比例（4.2%）与2013届、2012届（分别为3.8%、3.3%）相比有所提升，连续三届呈上升趋势。

二 就业地分布

2014届高职高专生毕业半年后就业区域主要集中在泛渤海湾区域（包括北京、天津、山东、河北、内蒙古、山西），占22.8%；泛长江三角洲区域（包括上海、江苏、浙江、江西、安徽），占21.6%；泛珠江三角洲区域（包括广东、广西、福建、海南），占20.2%。

三 就业城市类型

2014届大学生毕业半年后有18%在直辖市就业，28%在副省级城市就业，54%在地级城市及以下就业。其中，本科毕业生比高职高专毕业生在直辖市就业的比例高8个百分点（分别为22%和14%）。我国大学生连续三届就业的城市类型分布比较稳定，没有数据表明现在的大学毕业生和之前的相比，在不同类型城市的就业比例存在明显差异。

一 毕业去向分布

大学毕业生： 本科院校、高职高专院校的毕业生。

毕业半年后： 2014届毕业生毕业第二年（即2015年）的1月。麦可思

在此时展开调查，收集数据。此时毕业生的就业状况趋于稳定，有工作经历的毕业生也能够评估工作对自己知识、能力的要求。

毕业去向分布：麦可思将中国本科毕业生的毕业状况分为十类：受雇全职工作；受雇半职工作；自主创业；毕业后入伍；正在国内读研；正在港澳台地区及国外读研；无工作，准备国内读研；无工作，准备到港澳台地区及国外读研；无工作，继续寻找工作；无工作，其他。同理将中国高职高专毕业生的毕业状况分为七类：受雇全职工作；受雇半职工作；自主创业；毕业后入伍；毕业后读本科；无工作，继续寻找工作；无工作，其他。其中，受雇全职工作指平均每周工作 32 小时或以上。受雇半职工作指平均每周工作 20 小时到 31 小时。

已就业人群：包括"受雇全职工作""受雇半职工作""自主创业""毕业后入伍"四类人群。

图 1-1-1 是 2014 届大学生毕业半年后的去向分布。可以看出，在 2014 届大学毕业生中，有 80.6% 的人毕业半年后受雇全职或半职工作，2.9% 的人自主创业，0.4% 的人入伍；有 8.9% 的人升学，其中 5.9% 正在国内读研，0.9% 正在港澳台地区及国外读研，2.1% 正在读本科；有 7.2% 的人处于失业状态，其中 0.9% 准备在国内外读研，3.7% 准备继续寻找工作，还有 2.6% 放弃了继续求职和求学。

图 1-1-2 是 2012~2014 届大学生毕业半年后的去向分布变化。可以看出，2014 届大学生毕业半年后"受雇全职工作"的比例（79.2%）与 2013 届、2012 届（分别为 80.6%、81.3%）相比有所下降；"自主创业"的比例（2.9%）、"正在读研或读本"的比例（8.9%）与 2013 届、2012 届（"自主创业"分别为 2.3%、2.0%，"正在读研或读本"分别为 8.0%、7.1%）相比有所提升；而"无工作，继续寻找工作"的比例（3.7%）与 2013 届、2012 届（分别为 4.7%、5.3%）相比有所下降，处于失业状态的人群连续三届呈下降趋势。

图 1-1-3 是 2012~2014 届高职高专院校毕业生毕业半年后的去向分布变化。可以看出，2014 届高职高专生毕业半年后"受雇全职工作"的比

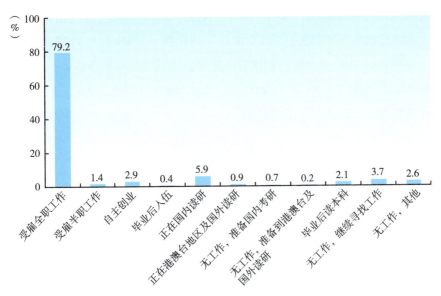

图1-1-1 2014届大学生毕业半年后的去向分布*

* "毕业后入伍"是本次调查新增选项。

数据来源：麦可思 - 中国2014届大学毕业生社会需求与培养质量调查。

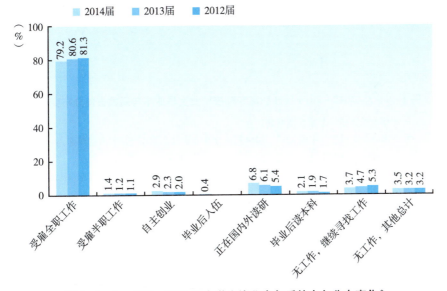

图1-1-2 2012~2014届大学生毕业半年后的去向分布变化*

* "毕业后入伍"是本次调查新增选项。

数据来源：麦可思 - 中国2012~2014届大学毕业生社会需求与培养质量调查。

例（81.7%）与2013届、2012届（分别为82.5%、83.0%）相比有所下降，连续三届呈下降趋势；"自主创业"的比例（3.8%）与2013届、2012届（分别为3.3%、2.9%）相比有所提升，连续三届呈上升趋势；"毕业后读本科"的比例（4.2%）与2013届、2012届（分别为3.8%、3.3%）相比有所提升，连续三届呈上升趋势。

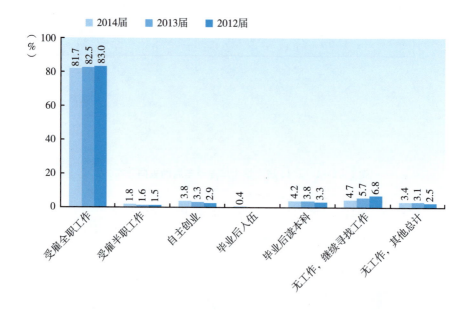

图1-1-3 2012～2014届高职高专院校毕业生毕业半年后的去向分布变化*

* "毕业后入伍"是本次调查新增选项。

数据来源：麦可思-中国2012～2014届大学毕业生社会需求与培养质量调查。

二 就业地分布

就业地：指大学毕业生在接受调查时的就业所在地区。

经济区域：本研究把中国内地31个省、自治区和直辖市分为八个经济体区域。

a. 东北区域经济体：包括黑龙江、吉林、辽宁；

b. 泛渤海湾区域经济体：包括北京、天津、山东、河北、内蒙古、山西；

c. 陕甘宁青区域经济体：包括陕西、甘肃、宁夏、青海；

d. 中原区域经济体：包括河南、湖北、湖南；

e. 泛长江三角洲区域经济体：包括上海、江苏、浙江、江西、安徽；

f. 泛珠江三角洲区域经济体：包括广东、广西、福建、海南；

g. 西南区域经济体：包括重庆、四川、贵州、云南；

h. 西部生态经济区：包括西藏、新疆。

图1-1-4是2014届高职高专毕业生按就业地的分布。可以看出，2014届高职高专生毕业半年后就业区域主要集中在泛渤海湾区域（包括北京、天津、山东、河北、内蒙古、山西），占22.8%；泛长江三角洲区域（包括上海、江苏、浙江、江西、安徽），占21.6%；泛珠江三角洲区域（包括广东、广西、福建、海南），占20.2%。

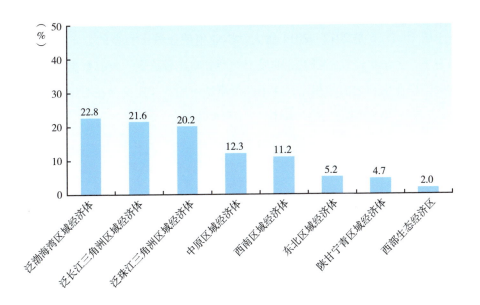

图1-1-4　2014届高职高专毕业生按就业地的分布

数据来源：麦可思-中国2014届大学毕业生社会需求与培养质量调查。

三 就业城市类型

城市类型：本研究按行政级别把中国内地城市分为以下三种类型。

a. 直辖市：包括北京、上海、天津、重庆。

b. 副省级城市：包括哈尔滨、长春、沈阳、大连、济南、青岛、南京、杭州、宁波、厦门、广州、深圳、武汉、成都、西安 15 个城市。部分省会城市不属于副省级城市。

c. 地级城市及以下：如绵阳、保定、苏州等，也包括省会城市如福州、银川等以及地级市下属的县、乡等。

图 1 - 1 - 5 是 2014 届大学毕业生的就业城市类型分布。可以看出，2014 届大学生毕业半年后有 18% 在直辖市就业，28% 在副省级城市就业，54% 在地级城市及以下就业。其中，本科毕业生比高职高专毕业生在直辖市就业的比例高 8 个百分点（分别为 22% 和 14%）。

图 1 - 1 - 6 是 2012～2014 届大学毕业生就业城市类型的分布变化。可以看出，大学生连续三届就业的城市类型分布比较稳定，没有数据表明现在的大学毕业生和之前的相比，在不同类型城市的就业比例存在明显差异。

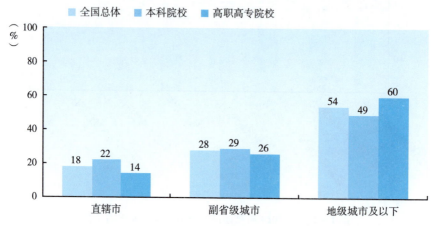

图 1 - 1 - 5 2014 届大学毕业生的三类就业城市分布

数据来源：麦可思 - 中国 2014 届大学毕业生社会需求与培养质量调查。

图 1 – 1 – 6　2012 ～ 2014 届大学毕业生的三类就业城市分布变化

数据来源：麦可思 – 中国 2012 ～ 2014 届大学毕业生社会需求与培养质量调查。

B.4

第二章
就业数量

结论摘要

一　总体就业率

1. 2014届大学生毕业半年后的就业率（92.1%）比2013届（91.4%）略有上升，比2012届（90.9%）上升1.2个百分点。其中，本科院校2014届毕业生毕业半年后的就业率为92.6%，比2013届、2012届（分别为91.8%、91.5%）有所上升（分别上升0.8个、1.1个百分点）；高职高专院校2014届毕业生毕业半年后的就业率为91.5%，比2013届（90.9%）略有上升，比2012届（90.4%）上升1.1个百分点。从近三届的趋势可以看出，大学毕业生毕业半年后的就业率呈现上升趋势。

2. 2014届泛珠江三角洲区域经济体高职高专院校毕业生毕业半年后的就业率最高（92.7%），西部生态经济区最低（87.5%）。

二　专业分析

1. 2014届高职高专生毕业半年后就业率最高的专业大类是材料与能源大类（92.7%），最低的是资源开发与测绘大类（87.3%）。2014届高职高专生毕业半年后就业率最高的专业类是城市轨道运输类（94.2%），最低的是畜牧兽医类（86.6%）。从三届的就业率变化趋势可以看出，高职高专专业大类中的材料与能源大类、制造大类、财经大类、土建大类、电子信息大类、文化教育大类、医药卫生大类、艺术设计传媒大类毕业生毕业半年后就业率持续上升。

2. 2014届高职高专生毕业半年后就业率前三位的专业是电气化铁道技

040

术（98.4%）、铁道工程技术（98.0%）、医学检验技术（96.7%）。

三　职业分析

1. 2014届高职高专生毕业半年后从事最多的职业类是"销售"，就业比例为11.0%，其次是"财务/审计/税务/统计"（10.8%）。与2012届相比，2014届高职高专毕业生就业比例增加最多的职业类为"医疗保健/紧急救助"，增加了4.3个百分点；就业比例降低最多的职业类为"计算机与数据处理"，降低了1.5个百分点。

2. 从三届的就业趋势中可以看出，在就业比例排名前五位的职业类中，高职高专毕业生从事"医疗保健/紧急救助"职业类的比例逐届增加，从事"财务/审计/税务/统计"职业类的比例与往届相比有所降低。

四　行业分析

1. 2014届高职高专生毕业半年后就业最多的行业类是"建筑业"（12.8%），其次是"医疗和社会护理服务业"（7.6%）和"零售商业"（6.5%）等。与2012届相比，2014届高职高专毕业生就业比例增加最多的行业类为"医疗和社会护理服务业"，增加了4.4个百分点；就业比例降低最多的行业类是"媒体、信息及通信产业"，降低了1.5个百分点。

2. 从三届的就业趋势可以看出，在就业比例排名前五位的行业类中，高职高专毕业生在"医疗和社会护理服务业"、"金融（银行/保险/证券）业"行业类就业的比例逐届增加，在"电子电气仪器设备及电脑制造业"行业类就业的比例逐届降低。

五　用人单位分析

1. "民营企业/个体"是2014届大学毕业生就业最多的用人单位类型，本科院校中有50%的毕业生就业于"民营企业/个体"，高职高专院校中有65%的毕业生就业于"民营企业/个体"。

2. 2014届大学毕业生就业比例最高的用人单位规模是300人及以下的中小型用人单位（51%），其中本科毕业生这一比例为47%，高职高专毕业生为56%。

六　未就业分析

1. 2014届大学生毕业半年后的失业率（7.9%）比2013届（8.6%）下降0.7个百分点，比2012届（9.1%）下降1.2个百分点。其中，本科院校2014届毕业生失业率（7.4%）比2013届（8.2%）下降0.8个百分点，比2012届（8.5%）下降1.1个百分点；高职高专院校2014届毕业生失业率（8.5%）比2013届（9.1%）下降0.6个百分点，比2012届（9.6%）下降1.1个百分点。从近三届的趋势可以看出，大学毕业生毕业半年后的失业率呈现下降趋势。

2. 2014届高职高专毕业生失业率最高的专业为语文教育（14.7%），其次为畜牧兽医（14.4%）。

3. 在2014届各类院校毕业生的未就业人群中，大多数毕业生还在继续找工作。本科院校处于未就业状态的毕业生（6.4%）中有28%为"待定族"（不求学不求职），高职高专院校处于未就业状态的毕业生（8.1%）中有42%为"待定族"。

4. 在2014届本科院校毕业半年后的"待定族"中，有25%的毕业生在准备公务员考试，有12%的毕业生准备创业。在高职高专院校毕业半年后的"待定族"中，有22%的毕业生准备创业，有8%的毕业生在准备公务员考试。

一　总体就业率

就业率：本科毕业生的就业率=已就业本科毕业生数/需就业的总本科毕业生数；需要注意的是，按劳动经济学的就业率定义，已就业人数不包括国内外读研人数，需就业的总毕业生数也不包括国内外读研的人数；政府教育机构统计的就业率通常包括国内外读研人数，也就是本报告中的非失业率。

高职高专毕业生的就业率=已就业高职高专毕业生数/需就业的总高职

高专毕业生数；其中，已就业人数不包括读本科人数，需就业的总毕业生数也不包括读本科人数。

图1-2-1是2012~2014届大学生毕业半年后的就业率变化趋势。可以看出，2014届大学生毕业半年后的就业率（92.1%）比2013届（91.4%）略有上升，比2012届（90.9%）上升1.2个百分点。其中，本科院校2014届毕业生毕业半年后的就业率为92.6%，比2013届、2012届（分别为91.8%、91.5%）有所上升（分别上升0.8个、1.1个百分点）；高职高专院校2014届毕业生毕业半年后的就业率为91.5%，比2013届（90.9%）略有上升，比2012届（90.4%）上升1.1个百分点。从近三届的趋势可以看出，大学毕业生毕业半年后的就业率呈现上升趋势。

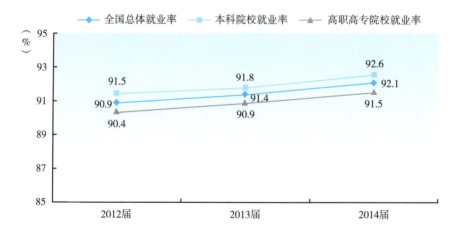

图1-2-1 2012~2014届大学生毕业半年后的就业率变化趋势

数据来源：麦可思-中国2012~2014届大学毕业生社会需求与培养质量调查。

表1-2-1是2012~2014届各经济区域高职高专生毕业半年后的就业率变化趋势。可以看出，2014届泛珠江三角洲区域经济体高职高专院校毕业生毕业半年后的就业率最高（92.7%），西部生态经济区最低（87.5%）。

表1－2－1　2012～2014届各经济区域高职高专生毕业半年后的就业率变化趋势[*]

单位：%

经济区域	高职高专生毕业半年后的就业率		
	2014 届	2013 届	2012 届
泛珠江三角洲区域经济体	92.7	91.3	90.8
泛长江三角洲区域经济体	92.5	91.9	91.3
中原区域经济体	91.9	90.6	90.2
泛渤海湾区域经济体	91.4	90.7	90.4
西南区域经济体	90.5	90.0	90.6
东北区域经济体	89.0	88.3	88.8
陕甘宁青区域经济体	88.4	90.2	—
西部生态经济区	87.5	—	—
全国高职高专	**91.5**	**90.9**	**90.4**

* 陕甘宁青区域经济体2012届，西部生态经济区2012届、2013届因为样本较少，没有包括在内。
数据来源：麦可思－中国2012～2014届大学毕业生社会需求与培养质量调查。

二　专业分析

专业大类：按照教育部的专业目录以及学校新增的专业，本次调查覆盖了高职高专院校所开设的专业大类19个。

专业类：按照教育部的专业目录以及学校新增的专业，本次调查覆盖了高职高专院校所开设的专业类76个。

专业：按照教育部的专业目录以及学校新增的专业，本次调查覆盖了高职高专院校所开设的专业589个。

表1－2－2是2012～2014届高职高专主要专业大类毕业生毕业半年后的就业率变化趋势。可以看出，2014届高职高专生毕业半年后就业率最高的专业大类是材料与能源大类（92.7%），最低的是资源开发与测绘大类（87.3%）。从三届的就业率变化趋势可以看出，高职高专专业大类中的材料与能源大类、制造大类、财经大类、土建大类、电子信

息大类、文化教育大类、医药卫生大类、艺术设计传媒大类毕业生毕业半年后就业率持续上升。

表 1 – 2 – 2　2012～2014 届高职高专主要专业大类毕业生
毕业半年后的就业率变化趋势*

单位：%

高职高专专业大类名称	2014 届	2013 届	2012 届
材料与能源大类	92.7	92.1	91.8
制造大类	92.5	91.8	91.3
公共事业大类	92.4	—	—
财经大类	92.4	91.0	90.7
生化与药品大类	92.2	91.3	93.2
交通运输大类	92.0	89.8	91.6
土建大类	91.7	90.7	89.0
轻纺食品大类	91.6	91.8	92.4
电子信息大类	91.5	90.6	90.3
文化教育大类	91.4	89.2	88.8
医药卫生大类	91.2	90.5	90.3
旅游大类	90.5	88.3	88.9
艺术设计传媒大类	89.7	88.3	86.7
农林牧渔大类	89.0	—	—
环保、气象与安全大类	88.4	—	—
资源开发与测绘大类	87.3	—	—
全国高职高专	**91.5**	**90.9**	**90.4**

*个别专业大类因为样本较少，没有包括在内。
数据来源：麦可思 – 中国 2012～2014 届大学毕业生社会需求与培养质量调查。

表 1 – 2 – 3 是 2012～2014 届高职高专主要专业类毕业生毕业半年后的就业率变化趋势。可以看出，2014 届高职高专生毕业半年后就业率最高的专业类是城市轨道运输类（94.2%），最低的是畜牧兽医类（86.6%）。

表 1 – 2 – 3 2012 ~ 2014 届高职高专主要专业类毕业生
毕业半年后的就业率变化趋势*

单位：%

高职高专专业类名称	2014 届	2013 届	2012 届
城市轨道运输类	94.2	—	—
电力技术类	94.0	93.8	93.3
医学技术类	93.9	—	—
通信类	93.7	91.8	90.8
药学类	93.2	—	—
公共管理类	92.9	89.4	89.0
护理类	92.8	91.7	91.3
港口运输类	92.8	91.0	90.5
市场营销类	92.7	91.1	90.6
化工技术类	92.5	90.8	90.1
能源类	92.5	92.8	92.3
制药技术类	92.4	91.7	93.6
自动化类	92.3	92.0	91.5
机械设计制造类	92.3	91.7	91.1
建筑设计类	92.3	90.9	89.9
财务会计类	92.2	90.8	90.3
汽车类	92.1	91.1	90.6
食品药品管理类	92.1	—	—
经济贸易类	92.0	91.1	90.6
林业技术类	91.9	89.5	90.1
纺织服装类	91.8	90.7	91.5
语言文化类	91.7	90.7	90.2
电子信息类	91.7	91.6	90.8
建筑设备类	91.7	93.3	92.8
机电设备类	91.6	93.0	92.6
生物技术类	91.6	89.7	89.3
工商管理类	91.4	91.5	91.0
农业技术类	91.2	90.1	89.6
环保类	91.2	90.6	90.1
计算机类	91.0	89.8	89.4
食品类	91.0	92.4	93.1
艺术设计类	90.5	89.1	88.7
工程管理类	90.4	91.0	90.5
旅游管理类	90.3	89.0	88.6
测绘类	90.3	92.8	88.9
房地产类	90.3	91.5	91.0

续表

高职高专专业类名称	2014 届	2013 届	2012 届
公共事业类	90.3	92.4	91.9
教育类	90.2	88.4	88.0
水上运输类	90.2	85.7	85.3
公路运输类	90.0	92.1	90.7
土建施工类	89.4	90.0	89.6
财政金融类	89.4	90.6	90.1
广播影视类	89.1	86.0	85.6
材料类	88.6	91.6	91.1
法律实务类	87.8	85.2	84.8
畜牧兽医类	86.6	87.9	88.7
全国高职高专	**91.5**	**90.9**	**90.4**

*个别专业类因为样本较少，没有包括在内。

数据来源：麦可思 – 中国 2012 ~ 2014 届大学毕业生社会需求与培养质量调查。

表 1 – 2 – 4　2014 届高职高专生毕业半年后就业量最大的前 50 位
专业的三届就业率变化趋势

单位：%

高职高专就业量最大的前 50 位专业名称	2014 届	2013 届	2012 届
通信技术	94.4	92.4	91.6
学前教育	94.3	97.5	97.0
供用电技术	94.2	91.3	90.8
药学	94.2	96.1	91.8
汽车技术服务与营销	94.1	92.6	92.1
商务英语	93.2	91.0	90.5
电气自动化技术	93.1	93.2	92.0
市场营销	93.1	92.4	90.5
室内设计技术	93.1	89.1	88.7
应用电子技术	93.0	91.9	91.4
文秘	92.7	91.1	90.6
护理	92.6	89.0	88.6
机械设计与制造	92.6	89.6	90.8
建筑装饰工程技术	92.5	91.2	90.1
会计	92.5	93.7	92.0
机械制造与自动化	92.4	93.7	92.8
电子商务	92.4	90.7	90.2
船舶工程技术	92.3	89.4	86.2

续表

高职高专就业量最大的前50位专业名称	2014 届	2013 届	2012 届
模具设计与制造	92.3	91.0	91.5
会计与审计	92.2	89.2	88.8
营销与策划	92.1	93.6	92.5
会计电算化	91.9	89.1	88.7
报关与国际货运	91.8	91.3	90.9
软件技术	91.7	90.2	89.8
机电一体化技术	91.6	93.1	91.1
汽车检测与维修技术	91.6	92.9	90.0
环境艺术设计	91.6	87.9	89.2
数控技术	91.6	91.5	90.0
物流管理	91.5	91.8	91.3
汽车运用技术	91.5	92.8	92.9
汽车制造与装配技术	91.3	89.6	91.3
计算机应用技术	91.1	89.9	89.8
财务管理	91.0	89.5	89.1
工商企业管理	91.0	89.3	89.9
计算机网络技术	91.0	91.0	89.3
旅游管理	90.9	89.8	89.0
工程造价	90.9	91.7	91.3
道路桥梁工程技术	90.9	92.7	90.9
汽车电子技术	90.7	90.7	90.2
电子信息工程技术	90.7	92.1	91.1
建筑工程技术	90.3	90.7	89.8
工程测量技术	90.2	89.5	89.1
计算机多媒体技术	90.1	91.6	90.3
动漫设计与制作	90.1	88.0	86.3
酒店管理	90.1	88.1	87.7
建筑工程管理	90.1	90.0	89.6
国际经济与贸易	89.9	89.7	89.3
广告设计与制作	89.6	89.1	88.7
艺术设计	89.2	85.1	84.7
轮机工程技术	87.6	89.4	83.4
全国高职高专	**91.5**	**90.9**	**90.4**

数据来源：麦可思－中国2012～2014届大学毕业生社会需求与培养质量调查。

　　表1-2-5是2014届高职高专生毕业半年后就业率排前50位的主要专业列表。可以看出，2014届高职高专生毕业半年后就业率前三位的专业是电气化铁道技术（98.4%）、铁道工程技术（98.0%）、医学检验技术（96.7%）。

表1-2-5　2014届高职高专生毕业半年后就业率排前50位的主要专业*

单位：%

高职高专就业率排前50位的专业名称	就业率	高职高专就业率排前50位的专业名称	就业率
电气化铁道技术	98.4	城市轨道交通工程技术	93.5
铁道工程技术	98.0	水利水电建筑工程	93.5
医学检验技术	96.7	医药营销	93.5
电力系统自动化技术	96.3	中药	93.4
临床医学	95.7	商务英语	93.2
计算机辅助设计与制造	95.1	电气自动化技术	93.1
城市轨道交通运营管理	94.8	石油化工生产技术	93.1
助产	94.6	室内设计技术	93.1
通信技术	94.4	市场营销	93.1
医学影像技术	94.4	集装箱运输管理	93.0
楼宇智能化工程技术	94.3	应用电子技术	93.0
学前教育	94.3	精细化学品生产技术	93.0
供用电技术	94.2	汽车整形技术	92.9
国际商务	94.2	国际航运业务管理	92.8
药学	94.2	文秘	92.7
商务管理	94.1	人力资源管理	92.6
康复治疗技术	94.1	检测技术及应用	92.6
汽车技术服务与营销	94.1	国际贸易实务	92.6
工业设计	94.1	护理	92.6
港口物流设备与自动控制	94.0	装饰艺术设计	92.6
发电厂及电力系统	93.9	计算机控制技术	92.6
经济信息管理	93.9	旅游英语	92.6
生物制药技术	93.9	机械设计与制造	92.6
微电子技术	93.7	数控设备应用与维护	92.6
供热通风与空调工程技术	93.6	建筑装饰工程技术	92.5
全国高职高专	**91.5**	**全国高职高专**	**91.5**

　　*毕业生规模过小的专业不包括在此排序中。

　　数据来源：麦可思-中国2014届大学毕业生社会需求与培养质量调查。

三 职业分析

职业：根据麦可思中国职业分类体系，本次调查覆盖了高职高专毕业生能够从事的 547 个职业。

本节各表中的"就业比例"＝在某类职业中就业的毕业生人数/全国同届次毕业生就业总数。

表 1 - 2 - 6 是 2012～2014 届高职高专毕业生从事的主要职业类排名。可以看出，2014 届高职高专生毕业半年后从事最多的职业类是"销售"，就业比例为 11.0%，其次是"财务/审计/税务/统计"（10.8%）。与 2012 届相比，2014 届高职高专毕业生就业比例增加最多的职业类为"医疗保健/紧急救助"，增加了 4.3 个百分点；就业比例降低最多的职业类为"计算机与数据处理"，降低了 1.5 个百分点。

从三届的就业趋势中可以看出，在就业比例排名前五位的职业类中，高职高专毕业生从事"医疗保健/紧急救助"职业类的比例逐届增加，从事"财务/审计/税务/统计"职业类的比例与往届相比有所降低。

表 1 - 2 - 6　2012～2014 届高职高专毕业生从事的主要职业类排名*

单位：%

高职高专毕业生从事的职业类名称	就业比例			
	2014 届	2013 届	2012 届	2014 届 - 2012 届**
销售	11.0	10.3	10.8	0.2
财务/审计/税务/统计	10.8	12.5	11.0	- 0.2
建筑工程	8.6	7.3	8.3	0.3
行政/后勤	7.0	7.2	7.0	0.0
医疗保健/紧急救助	6.5	4.1	2.2	4.3
机械/仪器仪表	4.7	5.1	5.4	- 0.7
电气/电子（不包括计算机）	3.7	4.0	5.0	- 1.3
机动车机械/电子	3.3	3.0	3.4	- 0.1
互联网开发及应用	3.2	1.9	2.1	1.1
金融（银行/基金/证券/期货/理财）	2.9	3.0	2.5	0.4
计算机与数据处理	2.8	3.6	4.3	- 1.5

续表

高职高专毕业生从事的职业类名称	就业比例			
	2014 届	2013 届	2012 届	2014 届 – 2012 届**
交通运输/邮电	2.7	3.4	3.2	− 0.5
餐饮/娱乐	2.6	2.1	2.1	0.5
美术/设计/创意	2.5	2.6	2.5	0.0
电力/能源	2.2	2.2	3.6	− 1.4
房地产经营	2.0	2.8	1.7	0.3
物流/采购	1.9	2.0	2.3	− 0.4
生产/运营	1.9	1.5	1.9	0.0
保险	1.6	1.4	1.1	0.5
工业安全与质量	1.4	1.7	1.4	0.0
酒店/旅游/会展	1.4	1.4	1.5	− 0.1
人力资源	1.4	1.2	1.4	0.0
中小学教育	1.2	0.7	1.2	0.0
生物/化工	1.2	1.5	1.3	− 0.1
媒体/出版	1.1	1.1	1.5	− 0.4
高等教育/职业培训	0.9	1.5	1.8	− 0.9
幼儿与学前教育	0.9	0.7	0.5	0.4
公安/检察/法院/经济执法	0.8	1.3	1.0	− 0.2
农/林/牧/渔类	0.7	0.8	0.5	0.2
经营管理	0.7	1.4	1.2	− 0.5
测绘	0.7	0.6	0.5	0.2
服装/纺织/皮革	0.6	0.9	0.8	− 0.2
矿山/石油	0.6	0.6	1.1	− 0.5
表演艺术/影视	0.6	0.5	0.6	0.0
社区工作者	0.5	0.3	0.3	0.2
公共关系	0.5	0.9	1.1	− 0.6
环境保护	0.5	0.4	0.5	0.0
船舶机械	0.4	0.3	0.1	0.3
美容/健身	0.4	0.2	0.1	0.3
家用/办公电器维修	0.3	0.3	0.3	0.0
航空机械/电子	0.2	0.4	0.1	0.1
翻译	0.2	0.3	0.2	0.0
冶金材料	0.2	0.2	0.1	0.1
文化/体育	0.1	0.1	0.1	0.0
家政	0.1	0.2	0.1	0.0
研究人员	0.1	—	—	—
殡仪服务	0.1	—	—	—

＊表中显示数字均保留一位小数，因为四舍五入进位，加起来可能不等于 100%。

＊＊ "2014 届 – 2012 届" 表示以 2014 届的就业比例减去 2012 届的就业比例。下同。

数据来源：麦可思 – 中国 2012 ~ 2014 届大学毕业生社会需求与培养质量调查。

表 1 – 2 – 7　2014 届高职高专毕业生就业量最大的前 50 位职业

单位：%

高职高专毕业生就业量 最大的前 50 位职业名称	就业比例	高职高专毕业生就业量 最大的前 50 位职业名称	就业比例
会计	6.7	电气技术员	0.7
文员	4.3	幼儿教师	0.7
护士	3.2	个人理财顾问	0.7
施工技术员	2.2	销售技术员	0.7
建筑技术员	2.0	餐饮服务主管	0.7
电子商务专员	1.8	车身修理技术员	0.6
营业员	1.7	销售代表（医疗用品）	0.6
房地产经纪人	1.6	电子工程技术员	0.6
客服专员	1.5	计算机程序员	0.6
其他销售代表、服务商	1.5	电厂操作员	0.6
行政秘书和行政助理	1.4	其他工程技术员（除绘图员）	0.6
室内设计师	1.2	销售代表（批发和制造业，不包括科技类产品）	0.6
销售经理	1.1	人力资源助理	0.6
预算员	0.9	销售代表（机械设备和零件）	0.6
保险推销员	0.8	存货管理员（储藏室、库房的）	0.6
土木建筑工程技术员	0.8	金融服务销售商	0.5
其他工程技术员	0.8	电气工程技术员	0.5
汽车机械技术员	0.8	采购员	0.5
测量技术员	0.8	机械装配技术员	0.5
推销员	0.8	其他计算机专业人员	0.5
小学教师	0.8	物流专员	0.5
地图制图与印刷工程技术员	0.8	工业机械技术员	0.5
餐饮服务生	0.8	医学及临床实验的技术员	0.5
收银员	0.8	化工厂系统操作员	0.5
数据统计分析员	0.7	平面设计	0.5

数据来源：麦可思－中国 2014 届大学毕业生社会需求与培养质量调查。

四　行业分析

行业：根据麦可思中国行业分类体系，本次调查覆盖了高职高专毕业生就业的 327 个行业。

本节各图表中的"就业比例" =在某类行业中就业的毕业生人数/全国同届次毕业生就业总数。

表 1-2-8 是 2012～2014 届高职高专毕业生就业的主要行业类排名。可以看出，2014 届高职高专生毕业半年后就业最多的行业类是"建筑业"（12.8%），其次是"医疗和社会护理服务业"（7.6%）和"零售商业"（6.5%）等。与 2012 届相比，2014 届高职高专毕业生就业比例增加最多的行业类为"医疗和社会护理服务业"，增加了 4.4 个百分点；就业比例降低最多的行业类是"媒体、信息及通信产业"，降低了 1.5 个百分点。

从三届的就业趋势可以看出，在就业比例排名前五位的行业类中，高职高专毕业生在"医疗和社会护理服务业"、"金融（银行/保险/证券）业"行业类就业的比例逐届增加，在"电子电气仪器设备及电脑制造业"行业类就业的比例逐届降低。

表 1-2-8 2012～2014 届高职高专毕业生就业的主要行业类排名*

单位：%

高职高专毕业生就业的行业类名称	就业比例			
	2014 届	2013 届	2012 届	2014 届 - 2012 届
建筑业	12.8	12.0	12.9	-0.1
医疗和社会护理服务业	7.6	5.2	3.2	4.4
零售商业	6.5	6.2	7.7	-1.2
电子电气仪器设备及电脑制造业	5.8	6.2	6.7	-0.9
金融（银行/保险/证券）业	5.8	5.4	4.5	1.3
媒体、信息及通信产业	5.1	5.3	6.6	-1.5
其他服务业（除行政服务）	4.7	4.5	3.4	1.3
机械五金制造业	4.5	5.0	5.3	-0.8
交通工具制造业	4.4	3.6	3.7	0.7
教育业	3.9	3.7	4.3	-0.4
各类专业设计与咨询服务业	3.7	4.1	4.8	-1.1
运输业	3.4	4.4	2.8	0.6

续表

高职高专毕业生就业的行业类名称	就业比例			
	2014 届	2013 届	2012 届	2014 届 – 2012 届
房地产开发销售租赁及其他租赁业	3.3	4.1	2.7	0.6
化学品、化工、塑胶业	3.1	4.0	3.5	-0.4
住宿和饮食业	2.7	2.1	2.2	0.5
家具、医疗设备及其他制成品业	2.3	2.8	2.7	-0.4
政府及公共管理	2.3	2.6	2.7	-0.4
行政、商业和环境保护辅助业	2.3	2.4	2.5	-0.2
食品、烟草、加工业	2.2	2.4	2.6	-0.4
批发商业	2.1	2.3	0.7	1.4
水电煤气公用事业	2.0	1.8	3.3	-1.3
邮递、物流及仓储业	1.8	1.9	1.9	-0.1
纺织皮革及成品加工业	1.6	1.9	1.9	-0.3
农业、林业、渔业和畜牧业	1.5	1.6	1.5	0.0
矿业	1.1	0.9	2.1	-1.0
艺术、娱乐和休闲业	1.1	1.0	1.1	0.0
初级金属制造业	1.0	1.0	1.3	-0.3
木品和纸品业	0.7	0.9	0.8	-0.1
玻璃粘土、石灰水泥制品业	0.6	0.5	0.6	0.0

＊表中显示数字均保留一位小数，因为四舍五入进位，加起来可能不等于100%。
数据来源：麦可思 – 中国 2012～2014 届大学毕业生社会需求与培养质量调查。

表 1 – 2 – 9 2014 届高职高专毕业生就业量最大的前 50 位行业

单位：%

高职高专毕业生就业量最大的前 50 位行业名称	就业比例	高职高专毕业生就业量最大的前 50 位行业名称	就业比例
全科住院医院(包括门诊)	3.0	广告及相关服务业	0.9
住宅建筑施工业	3.0	地产代理和经纪人办事处	0.8
建筑基础、结构、楼房外观承建业	2.5	公共卫生服务机构(含疾控中心等)	0.8
其他个人服务业	2.4	汽车零件制造业	0.8
高速公路、街道及桥梁建筑业	2.2	其他医疗健康服务业	0.8
建筑装修业	2.2	药品和医药制造业	0.8
其他金融投资业	2.1	汽车经销业	0.8
汽车制造业	1.7	软件开发业	0.8

续表

高职高专毕业生就业量 最大的前50位行业名称	就业比例	高职高专毕业生就业量 最大的前50位行业名称	就业比例
互联网运营与网络搜索引擎业	1.6	铁路运输服务业	0.8
房地产开发业	1.5	办公室行政服务业	0.7
物流仓储业	1.5	其他电气设备及元器件生产业	0.7
中小学教育机构	1.4	其他食品制造业	0.7
汽车保养与维修业	1.4	保险机构	0.7
发电、输电业	1.4	计算机及外围设备制造业	0.7
综合性餐饮业	1.4	其他娱乐和休闲产业	0.7
非住宅建筑施工业	1.2	其他通用机械设备制造业	0.7
电气设备制造业	1.0	其他化工产品制造业	0.7
幼儿园与学前教育机构	1.0	会计、审计与税务服务业	0.7
专科住院医院(包括门诊)	1.0	其他特种行业工程承建业	0.6
保险代理、经销、其他保险相关业	1.0	建筑、工程及相关咨询服务业	0.6
半导体和其他电子元件制造业	1.0	电子产品和电器用品零售业	0.6
通信设备制造业	1.0	其他制造业	0.6
医疗设备及用品制造业	1.0	旅客住宿业	0.6
铁路运输业	1.0	服装零售业	0.6
百货零售业	0.9	其他零售业	0.6

数据来源:麦可思-中国2014届大学毕业生社会需求与培养质量调查。

五 用人单位分析

(一)用人单位类型分布

图1-2-2是2014届大学毕业生就业的用人单位类型分布。可以看出,"民营企业/个体"是2014届大学毕业生就业最多的用人单位类型,本科院校中有50%的毕业生就业于"民营企业/个体",高职高专院校中有65%的毕业生就业于"民营企业/个体"。

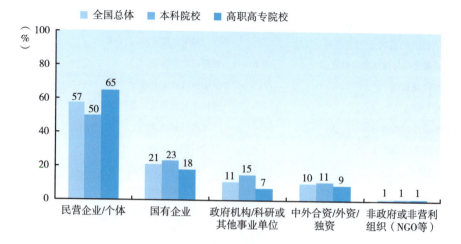

图1-2-2 2014届大学毕业生就业的用人单位类型分布

数据来源：麦可思-中国2014届大学毕业生社会需求与培养质量调查。

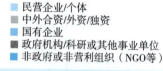

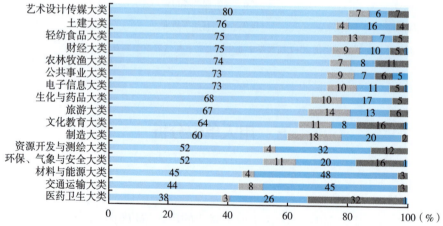

图1-2-3 2014届高职高专主要专业大类的用人单位类型分布*

*个别专业大类因为样本较少，没有包括在内。

数据来源：麦可思-中国2014届大学毕业生社会需求与培养质量调查。

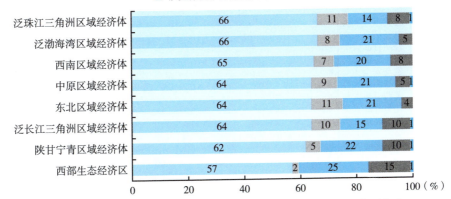

图 1 - 2 - 4　2014 届高职高专生在各类经济区域的用人单位类型分布

数据来源：麦可思 - 中国 2014 届大学毕业生社会需求与培养质量调查。

（二）用人单位规模分布

图 1 - 2 - 5 是 2014 届大学毕业生就业的用人单位规模分布。可以看出，2014 届大学毕业生就业比例最高的用人单位规模是 300 人及以下的中小型用人单位（51%），其中本科毕业生这一比例为 47%，高职高专毕业生为 56%。

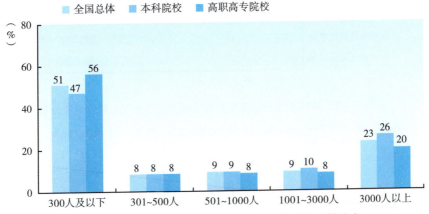

图 1 - 2 - 5　2014 届大学毕业生就业的用人单位规模分布

数据来源：麦可思 - 中国 2014 届大学毕业生社会需求与培养质量调查。

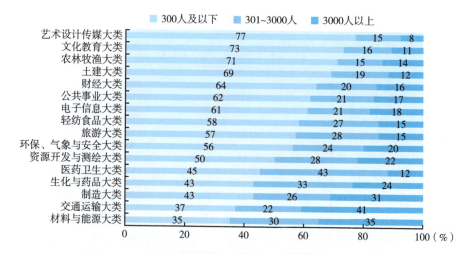

图 1 - 2 - 6　2014届高职高专主要专业大类的用人单位规模分布[*]

* 个别专业大类因为样本较少，没有包括在内。

数据来源：麦可思 - 中国2014届大学毕业生社会需求与培养质量调查。

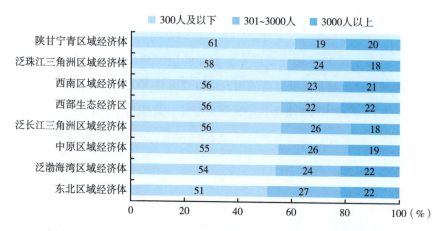

图 1 - 2 - 7　2014届高职高专生在各类经济区域的用人单位规模分布

数据来源：麦可思 - 中国2014届大学毕业生社会需求与培养质量调查。

六　未就业分析

未就业：本研究将应届大学毕业生在毕业半年后调查时没有全职或者半

职雇用工作的状态，视为未就业。这包括准备考研、准备出国读研、还在找工作和"待定族"四种情况。失业率=未就业毕业生数/需就业的总毕业生数。

待定族：指调查时处于失业状态且不打算求职和求学的大学毕业生。

（一）失业率

图1-2-8是2012~2014届大学生毕业半年后的失业率变化趋势。可以看出，2014届大学生毕业半年后的失业率（7.9%）比2013届（8.6%）下降0.7个百分点，比2012届（9.1%）下降1.2个百分点。其中，本科院校2014届毕业生失业率（7.4%）比2013届（8.2%）下降0.8个百分点，比2012届（8.5%）下降1.1个百分点；高职高专院校2014届毕业生失业率（8.5%）比2013届（9.1%）下降0.6个百分点，比2012届（9.6%）下降1.1个百分点。从近三届的趋势可以看出，大学毕业生毕业半年后的失业率呈现下降趋势。

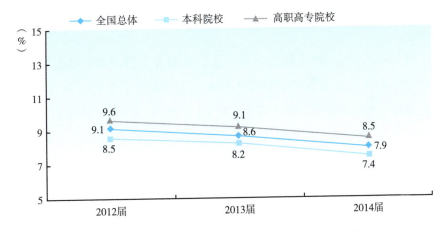

图1-2-8　2012~2014届大学生毕业半年后的失业率变化趋势

数据来源：麦可思-中国2012~2014届大学毕业生社会需求与培养质量调查。

图1-2-9是2014届高职高专毕业人数最多的100个专业中失业率最高的10个专业。可以看出，2014届高职高专毕业生失业率最高的专业为语文教育（14.7%），其次为畜牧兽医（14.4%）。

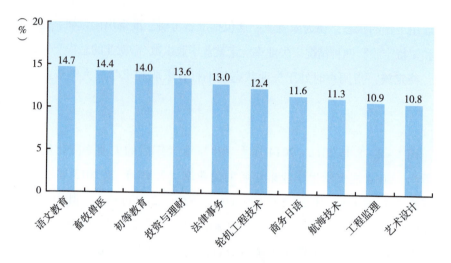

图1-2-9 2014届高职高专毕业人数最多的100个专业中失业率最高的10个专业

数据来源：麦可思－中国2014届大学毕业生社会需求与培养质量调查。

（二）各类院校的未就业人群分布

图1-2-10是2014届大学毕业生的未就业人群分布。可以看出，在2014届各类院校毕业生的未就业人群中，大多数毕业生还在继续找工作。本科院校处于未就业状态的毕业生（6.4%）中有28%为"待定族"（不求学不求职），高职高专院校处于未就业状态的毕业生（8.1%）中有42%为"待定族"。

（三）各类院校的"待定族"打算分布

图1-2-11是2014届大学毕业生的"待定族"打算分布。可以看出，在2014届本科院校毕业半年后的"待定族"中，有25%的毕业生在准备公务员考试，有12%的毕业生准备创业。在高职高专院校毕业半年后的"待定族"中，有22%的毕业生准备创业，有8%的毕业生在准备公务员考试。

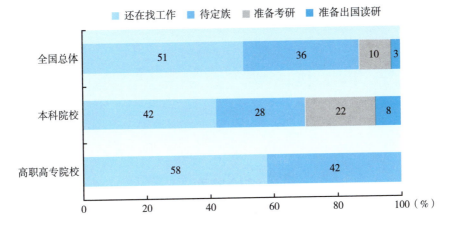

图1-2-10 2014届大学毕业生的未就业人群分布

数据来源：麦可思-中国2014届大学毕业生社会需求与培养质量调查。

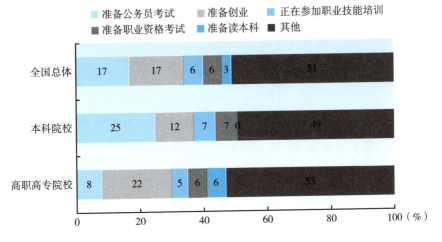

图1-2-11 2014届大学毕业生的"待定族"打算分布

数据来源：麦可思-中国2014届大学毕业生社会需求与培养质量调查。

B.5

第三章

就业质量

结论摘要

一 就业满意度

1. 2014届大学毕业生的就业满意度为61%，比2013届（56%）高5个百分点。其中，本科院校2014届毕业生的就业满意度为62%，比2013届（58%）高4个百分点；高职高专院校2014届毕业生的就业满意度为59%，比2013届（54%）高5个百分点。

2. 2014届高职高专毕业生对就业现状不满意的主要原因是"收入低"（66%）、"发展空间不够"（59%）。

3. 在2014届高职高专专业大类中，就业满意度最高的为文化教育大类（63%），最低的为资源开发与测绘大类（52%）。

4. 2014届高职高专生毕业半年后就业满意度最高的职业是"铁路闸、铁路信号和转辙器操作员"（79%）；最低的职业是"搬运工（不包括机器操作人员）"（32%）。

5. 2014届高职高专生毕业半年后就业满意度最高的行业是"铁路运输业"和"航空运输服务业"（均为76%）；最低的行业是"铝制品加工及制造业"（42%）。

6. 2014届高职高专生毕业半年后在"政府机构/科研或其他事业单位"的就业满意度最高（69%）；在"民营企业/个体"和"非政府或非营利组织（NGO等）"的就业满意度最低（均为56%）。

7. 2014届高职高专生毕业半年后在泛长江三角洲区域经济体就业的满

意度最高（61%），其次为泛渤海湾区域经济体（60%）。

二 职业期待吻合度

1.2014届大学毕业生工作与职业期待的吻合度为46%，比2013届（43%）高3个百分点。其中，本科院校2014届毕业生工作与职业期待的吻合度为49%，比2013届（46%）高3个百分点；高职高专院校2014届毕业生工作与职业期待的吻合度为43%，比2013届（40%）高3个百分点。

2. 认为工作与职业期待不吻合的2014届高职高专毕业生中，有33%的人认为是"不符合我的职业发展规划"，其次是"不符合我的兴趣爱好"（23%）。

3. 在2014届高职高专专业大类中，毕业生毕业半年后职业期待吻合度最高的为医药卫生大类（50%），最低的为资源开发与测绘大类（37%）。

三 薪资分析

1.2014届大学毕业生月收入（3487元）比2013届（3250元）增长了237元，比2012届（3048元）增长了439元。其中，2014届本科毕业生月收入（3773元）比2013届（3560元）增长了213元，比2012届（3366元）增长了407元；2014届高职高专毕业生月收入（3200元）比2013届（2940元）增长了260元，比2012届（2731元）增长了469元。从近三届的趋势可以看出，大学毕业生毕业半年后的月收入呈现上升趋势。

2.2014届高职高专毕业生月收入在5000元以上的比例为12.0%，比2013届（8.1%）高3.9个百分点；月收入在1500元以下的比例为3.0%，比2013届（4.0%）低1.0个百分点。

3. 在2014届高职高专专业大类中，毕业生毕业半年后月收入最高的是交通运输大类（3604元），最低的是医药卫生大类（2745元）。

4.2014届高职高专生毕业半年后月收入最高的职业类是"矿山/石油"（3823元），其次是"金融（银行/基金/证券/期货/理财）"（3782元）。

5.2014届高职高专生毕业半年后月收入最高的行业类为"金融（银行/

保险/证券）业"（3720 元），其次是"运输业"（3677 元）。

6. 2014 届高职高专毕业生毕业半年后在"中外合资/外资/独资"单位就业的人群月收入最高（3484 元）；与 2013 届相比，2014 届大学毕业生在各类型用人单位就业的月收入都有所上升。

7. 2014 届高职高专毕业生在"3000 人以上"规模的大型用人单位就业的月收入最高（3611 元）；与 2013 届相比，2014 届大学毕业生在各规模用人单位就业的月收入都有所上升。

8. 2014 届高职高专生毕业半年后在泛长江三角洲区域经济体就业的月收入最高，为 3369 元。

四 工作与专业相关度

1. 2014 届本科和高职高专毕业生的工作与专业相关度分别为 69%、62%，均与 2013 届、2012 届（分别为 69%、62%）持平。从近三届的趋势可以看出，大学毕业生的工作与专业相关度呈现平稳发展趋势。

2. 2014 届高职高专毕业生选择与专业无关工作的主要原因是"迫于现实先就业再择业"（29%）、"专业工作不符合自己的职业期待"（28%）。

3. 在 2014 届高职高专专业大类中，专业相关度最高的是医药卫生大类（89%），其次是材料与能源大类（79%），最低的是公共事业大类（45%）。

五 离职率

1. 2014 届大学毕业生毕业半年内的离职率（33%）与 2013 届（34%）基本持平。其中，本科院校 2014 届毕业生毕业半年内离职率为 23%，与 2013 届（24%）基本持平，高职高专院校 2014 届毕业生毕业半年内离职率为 42%，与 2012 届（43%）基本持平。

2. 在 2014 届高职高专专业大类中，医药卫生大类半年内离职率最低（20%），艺术设计传媒大类的半年内离职率最高（51%）。

3. 2014 届高职高专毕业生毕业半年内离职的人群有 98% 发生过主动离职，主动离职的主要原因是"个人发展空间不够"、"薪资福利偏低"（均为 49%）。

一 就业满意度

（一）总体就业满意度

就业满意度：在被调查的毕业生中，由就业人群对自己目前的就业现状进行主观判断，选项有"很满意"、"满意"、"不满意"、"很不满意"、"无法评估"五项。其中，选择"满意"或"很满意"的人属于对就业现状满意，选择"不满意"或"很不满意"的人属于对就业现状不满意。

图 1-3-1 是 2013 届、2014 届大学生毕业半年后的就业满意度。可以看出，2014 届大学毕业生的就业满意度为 61%，比 2013 届（56%）高 5 个百分点。其中，本科院校 2014 届毕业生的就业满意度为 62%，比 2013 届（58%）高 4 个百分点；高职高专院校 2014 届毕业生的就业满意度为 59%，比 2013 届（54%）高 5 个百分点。

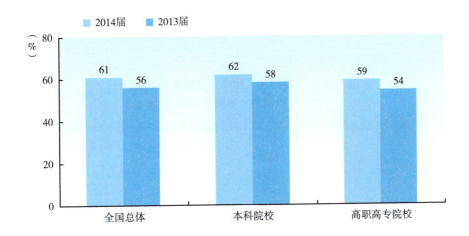

图 1-3-1 2013 届、2014 届大学生毕业半年后的就业满意度

数据来源：麦可思-中国 2013 届、2014 届大学毕业生社会需求与培养质量调查。

（二）对就业现状不满意的原因

图1-3-2是2013届、2014届高职高专毕业生对就业现状不满意的原因。可以看出，2014届高职高专毕业生对就业现状不满意的主要原因是"收入低"（66%）、"发展空间不够"（59%）。

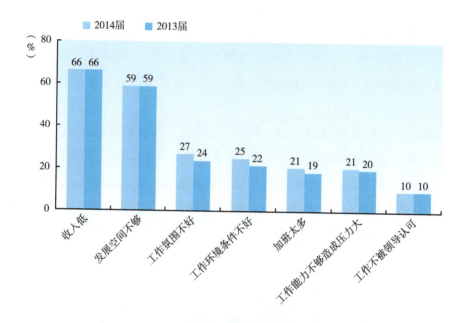

图1-3-2 2013届、2014届高职高专毕业生对
就业现状不满意的原因（多选）

数据来源：麦可思-中国2013届、2014届大学毕业生社会需求与培养质量调查。

（三）主要专业的就业满意度

表1-3-1是2013届、2014届高职高专主要专业大类毕业生毕业半年后的就业满意度。可以看出，在2014届高职高专专业大类中，就业满意度最高的为文化教育大类（63%），最低的为资源开发与测绘大类（52%）。

表 1-3-1 2013 届、2014 届高职高专主要专业大类毕业生毕业半年后的就业满意度*

单位：%

高职高专专业 大类名称	2014 届	2013 届	高职高专专业 大类名称	2014 届	2013 届
文化教育大类	63	57	艺术设计传媒大类	58	55
医药卫生大类	62	56	财经大类	57	54
材料与能源大类	62	54	土建大类	57	53
农林牧渔大类	60	—	生化与药品大类	56	50
电子信息大类	59	53	轻纺食品大类	55	50
公共事业大类	59	—	环保、气象与安全大类	55	—
旅游大类	59	55	制造大类	55	50
交通运输大类	58	51	资源开发与测绘大类	52	—
全国高职高专	**59**	**54**	**全国高职高专**	**59**	**54**

＊个别专业大类因为样本较少，没有包括在内。

数据来源：麦可思－中国 2013 届、2014 届大学毕业生社会需求与培养质量调查。

表 1-3-2 2014 届高职高专生毕业半年后就业满意度排前 30 位的主要专业*

单位：%

高职高专专业名称	就业满意度	高职高专专业名称	就业满意度
城市轨道交通控制	71	市场开发与营销	64
电力系统自动化技术	69	旅游英语	64
学前教育	69	电脑艺术设计	64
医学影像技术	68	航空服务	64
电气化铁道技术	68	园艺技术	64
石油化工生产技术	67	应用英语	63
港口物流设备与自动控制	67	医药营销	63
临床医学	67	康复治疗技术	63
信息安全技术	66	国际金融	62
铁道工程技术	66	市场营销	62
护理	65	汽车运用技术	62
助产	65	汽车技术服务与营销	62
畜牧兽医	65	国际贸易实务	61
中药	64	经济信息管理	61
供用电技术	64	音乐表演	61
全国高职高专	**59**	**全国高职高专**	**59**

＊毕业生规模过小的专业不包括在此排序中。

数据来源：麦可思－中国 2014 届大学毕业生社会需求与培养质量调查。

表1-3-3和表1-3-4分别是2014届高职高专生毕业半年后就业满意度最高和最低的前十位职业。可以看出，2014届高职高专生毕业半年后就业满意度最高的职业是"铁路闸、铁路信号和转辙器操作员"（79%）；最低的职业是"搬运工（不包括机器操作人员）"（32%）。

表1-3-3 2014届高职高专生毕业半年后就业满意度最高的前十位职业*

单位：%

高职高专毕业生就业满意度最高的前十位职业名称	就业满意度	高职高专毕业生就业满意度最高的前十位职业名称	就业满意度
铁路闸、铁路信号和转辙器操作员	79	铁轨铺设及维护设备操作员	73
美容师	75	银行信贷员	72
银行柜员	75	医生助手	72
地铁和路面电车操作员	74	列车司机	72
保险理赔员	74	销售经理	72
全国高职高专	59	全国高职高专	59

*毕业生规模过小的职业不包括在此排序中。
数据来源：麦可思-中国2014届大学毕业生社会需求与培养质量调查。

表1-3-4 2014届高职高专生毕业半年后就业满意度最低的前十位职业*

单位：%

高职高专毕业生就业满意度最低的前十位职业名称	就业满意度	高职高专毕业生就业满意度最低的前十位职业名称	就业满意度
搬运工（不包括机器操作人员）	32	工厂设备安装技术员	41
手工包装工	33	包装机、装料机操作员和管理员	41
半导体加工人员	35	餐饮服务生	42
生产计划管理员	40	收银员	42
旅店服务员	40	存货管理员（储藏室、库房的）	45
全国高职高专	59	全国高职高专	59

*毕业生规模过小的职业不包括在此排序中。
数据来源：麦可思-中国2014届大学毕业生社会需求与培养质量调查。

　　表1−3−5和表1−3−6分别是2014届高职高专生毕业半年后就业满意度最高和最低的前十位行业。可以看出，2014届高职高专生毕业半年后就业满意度最高的行业是"铁路运输业"和"航空运输服务业"（均为76%）；最低的行业是"铝制品加工及制造业"（42%）。

表1−3−5　2014届高职高专生毕业半年后就业满意度最高的前十位行业[*]

单位：%

高职高专毕业生就业满意度 最高的前十位行业名称	就业满意度	高职高专毕业生就业满意度 最高的前十位行业名称	就业满意度
铁路运输业	76	全科住院医院（包括门诊）	71
航空运输服务业	76	储蓄信用中介	70
铁路机车制造业	73	其他各级党政机关	70
远洋、近海及大湖水运业	73	中国人民银行、保监会和证监会	70
铁路运输服务业	72	司法、执法部门（公检法）	69
全国高职高专	**59**	**全国高职高专**	**59**

　　[*]毕业生规模过小的行业不包括在此排序中。
　　数据来源：麦可思−中国2014届大学毕业生社会需求与培养质量调查。

表1−3−6　2014届高职高专生毕业半年后就业满意度最低的前十位行业[*]

单位：%

高职高专毕业生就业满意度 最低的前十位行业名称	就业满意度	高职高专毕业生就业满意度 最低的前十位行业名称	就业满意度
铝制品加工及制造业	42	塑料用品制造业	47
铁制品制造业	45	单件机器制造业	47
橡胶用品制造业	46	半导体和其他电子元件制造业	47
金属加工成套设备制造业	46	农业、建筑、矿山成套设备制造业	47
其他金属制品制造业	47	制鞋业	47
全国高职高专	**59**	**全国高职高专**	**59**

　　[*]毕业生规模过小的行业不包括在此排序中。
　　数据来源：麦可思−中国2014届大学毕业生社会需求与培养质量调查。

（四）各用人单位类型的就业满意度

图1-3-3是2013届、2014届高职高专生毕业半年后在各类型用人单位的就业满意度。可以看出，2014届高职高专生毕业半年后在"政府机构/科研或其他事业单位"的就业满意度最高（69%）；在"民营企业/个体"和"非政府或非营利组织（NGO等）"的就业满意度最低（均为56%）。

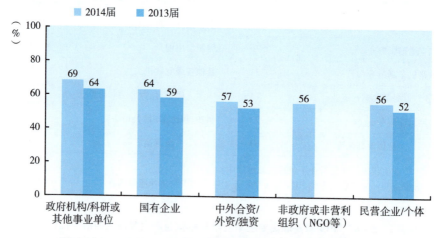

**图1-3-3　2013届、2014届高职高专生毕业半年后在各类型用人单位的就业满意度*
**

*2013届非政府或非营利组织（NGO等）因为样本较少，没有包括在内。
数据来源：麦可思-中国2013届、2014届大学毕业生社会需求与培养质量调查。

（五）各类经济区域的就业满意度

图1-3-4是2013届、2014届高职高专生毕业半年后在各类经济区域的就业满意度。可以看出，2014届高职高专生毕业半年后在泛长江三角洲区域经济体就业的满意度最高（61%），其次为泛渤海湾区域经济体（60%）。

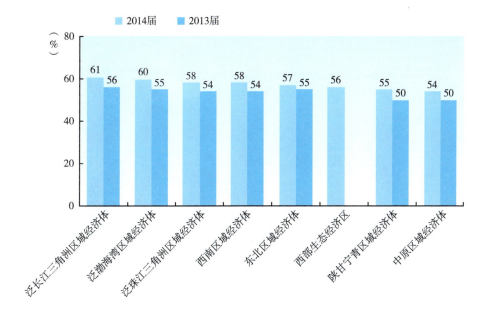

图1-3-4　2013届、2014届高职高专生毕业半年后在各类经济区域的就业满意度*

＊西部生态经济区2013届因为样本较少，没有包括在内。

数据来源：麦可思－中国2013届、2014届大学毕业生社会需求与培养质量调查。

二　职业期待吻合度

（一）总体职业期待吻合度

职业期待吻合度：毕业生被调查时的工作与职业期待吻合的人数百分比。

图1-3-5是2013届、2014届大学毕业生工作与职业期待吻合度。可以看出，2014届大学毕业生工作与职业期待的吻合度为46%，比2013届（43%）高3个百分点。其中，本科院校2014届毕业生工作与职业期待的吻合度为49%，比2013届（46%）高3个百分点；高职高专院校2014届

毕业生工作与职业期待的吻合度为 43%，比 2013 届（40%）高 3 个百分点。

图 1-3-5 2013 届、2014 届大学毕业生工作与职业期待吻合度

数据来源：麦可思－中国 2013 届、2014 届大学毕业生社会需求与培养质量调查。

（二）职业期待不吻合的原因

图 1-3-6 是 2013 届、2014 届高职高专毕业生目前的工作与职业期待不吻合的原因分布。可以看出，认为工作与职业期待不吻合的 2014 届高职高专毕业生中，有 33% 的人认为是"不符合我的职业发展规划"，其次是"不符合我的兴趣爱好"（23%）。

（三）主要专业的职业期待吻合度

表 1-3-7 是 2013 届、2014 届高职高专主要专业大类毕业生毕业半年后的职业期待吻合度。可以看出，在 2014 届高职高专专业大类中，毕业生毕业半年后职业期待吻合度最高的为医药卫生大类（50%），最低的为资源开发与测绘大类（37%）。

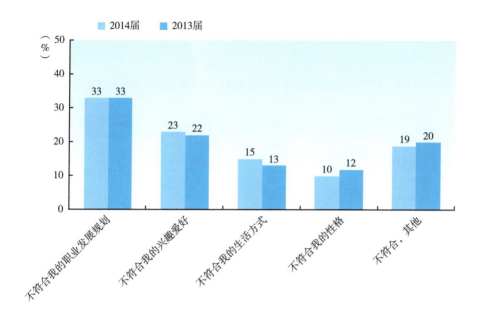

图 1－3－6　2013 届、2014 届高职高专毕业生目前的工作与职业
期待不吻合的原因分布

数据来源：麦可思－中国 2013 届、2014 届大学毕业生社会需求与培养质量调查。

表 1－3－7　2013 届、2014 届高职高专主要专业大类毕业生毕业半年后的职业期待吻合度[*]

单位：%

高职高专专业大类名称	2014 届	2013 届	高职高专专业大类名称	2014 届	2013 届
医药卫生大类	50	45	电子信息大类	42	39
文化教育大类	49	46	环保、气象与安全大类	42	—
土建大类	47	45	农林牧渔大类	42	—
艺术设计传媒大类	47	44	公共事业大类	41	—
材料与能源大类	45	44	轻纺食品大类	41	42
交通运输大类	44	42	生化与药品大类	39	37
财经大类	43	39	制造大类	39	38
旅游大类	42	38	资源开发与测绘大类	37	—
全国高职高专	**43**	**40**	**全国高职高专**	**43**	**40**

＊个别专业大类因为样本较少，没有包括在内。

数据来源：麦可思－中国 2013 届、2014 届大学毕业生社会需求与培养质量调查。

（四）主要职业的职业期待吻合度

表1-3-8　2014届高职高专毕业生从事的主要职业类的职业期待吻合度*

单位：%

高职高专职业类名称	职业期待吻合度	高职高专职业类名称	职业期待吻合度
中小学教育	64	环境保护	42
美术/设计/创意	59	经营管理	42
高等教育/职业培训	56	机动车机械/电子	41
表演艺术/影视	56	矿山/石油	40
美容/健身	55	电力/能源	40
医疗保健/紧急救助	52	船舶机械	40
人力资源	51	保险	40
互联网开发及应用	51	公共关系	39
媒体/出版	50	物流/采购	38
幼儿与学前教育	50	家用/办公电器维修	38
房地产经营	50	测绘	36
计算机与数据处理	49	工业安全与质量	35
金融(银行/基金/证券/期货/理财)	48	电气/电子(不包括计算机)	35
财务/审计/税务/统计	47	机械/仪器仪表	34
公安/检察/法院/经济执法	47	行政/后勤	33
建筑工程	46	服装/纺织/皮革	33
交通运输/邮电	45	餐饮/娱乐	32
销售	43	社区工作者	32
农/林/牧/渔类	43	生物/化工	31
酒店/旅游/会展	43	生产/运营	29
全国高职高专	**43**	**全国高职高专**	**43**

*个别职业类因为样本较少，没有包括在内。

数据来源：麦可思-中国2014届大学毕业生社会需求与培养质量调查。

三　薪资分析

（一）总体薪资

月收入：指工资、奖金、业绩提成、现金福利补贴等所有的月度现金收入。

毕业半年后的平均月收入：指大学生毕业半年后实际每月工作收入的平均值。

图1-3-7是2012～2014届大学生毕业半年后的月收入变化趋势。可以看出，2014届大学毕业生月收入（3487元）比2013届（3250元）增长了237元，比2012届（3048元）增长了439元。其中，2014届本科毕业生月收入（3773元）比2013届（3560元）增长了213元，比2012届（3366元）增长了407元；2014届高职高专毕业生月收入（3200元）比2013届（2940元）增长了260元，比2012届（2731元）增长了469元。从近三届的趋势可以看出，大学毕业生毕业半年后的月收入呈现上升趋势。

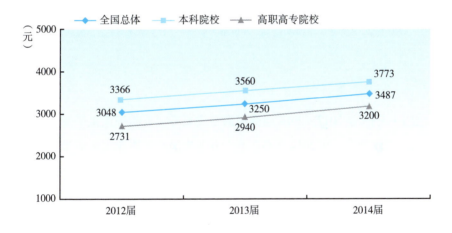

图1-3-7 2012～2014届大学生毕业半年后的月收入变化趋势

数据来源：麦可思-中国2012～2014届大学毕业生社会需求与培养质量调查。

图1-3-8是2013届、2014届高职高专生毕业半年后的月收入分布。可以看出，2014届高职高专毕业生月收入在5000元以上的比例为12.0%，比2013届（8.1%）高3.9个百分点；月收入在1500元以下的比例为3.0%，比2013届（4.0%）低1.0个百分点。

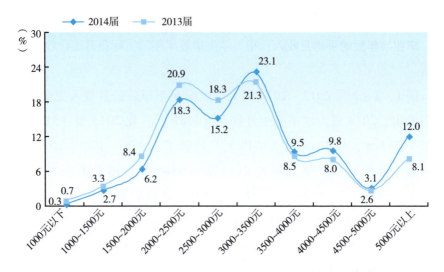

图 1 – 3 – 8　2013 届、2014 届高职高专生毕业半年后的月收入分布 *

＊图中显示数字均保留一位小数，因为四舍五入进位，加起来可能不等于 100%。
数据来源：麦可思 – 中国 2013 届、2014 届大学毕业生社会需求与培养质量调查。

（二）主要专业的薪资

表 1 – 3 – 9 是 2012 ~ 2014 届高职高专主要专业大类毕业生毕业半年后的月收入。可以看出，在 2014 届高职高专专业大类中，毕业生毕业半年后月收入最高的是交通运输大类（3604 元），最低的是医药卫生大类（2745 元）。

表 1 – 3 – 9　2012 ~ 2014 届高职高专主要专业大类毕业生毕业半年后的月收入 *

单位：元

高职高专专业大类名称	2014 届	2013 届	2012 届
交通运输大类	3604	3167	3091
制造大类	3455	3156	2861
电子信息大类	3439	3066	2908
资源开发与测绘大类	3375	—	—
材料与能源大类	3224	3045	2920
生化与药品大类	3144	2988	2793

续表

高职高专专业大类名称	2014 届	2013 届	2012 届
环保、气象与安全大类	3136	—	—
农林牧渔大类	3135	—	2578
艺术设计传媒大类	3099	2790	2781
轻纺食品大类	3091	2827	2605
旅游大类	3068	2792	2589
文化教育大类	3065	2793	2511
土建大类	3061	2935	2582
财经大类	3049	2811	2595
公共事业大类	2948	—	—
医药卫生大类	2745	2519	2439
全国高职高专	**3200**	**2940**	**2731**

* 个别专业大类因为样本较少，没有包括在内。

数据来源：麦可思－中国 2012～2014 届大学毕业生社会需求与培养质量调查。

表 1 – 3 – 10   2014 届高职高专主要专业类毕业生毕业半年后的月收入 *

单位：元

高职高专专业类名称	2014 届	2013 届	2012 届
水上运输类	3574	3262	2962
测绘类	3556	3095	3157
城市轨道运输类	3505	—	—
通信类	3487	3114	2861
公路运输类	3476	3199	2969
机电设备类	3474	3350	3081
能源类	3467	3035	2644
自动化类	3459	3147	2919
机械设计制造类	3456	3173	2924
材料类	3418	3048	3020
汽车类	3417	3116	2872
电子信息类	3415	3147	2874
市场营销类	3415	3097	2813
计算机类	3408	3078	2856
港口运输类	3352	3101	2799
化工技术类	3349	3129	2818

续表

高职高专专业类名称	2014 届	2013 届	2012 届
畜牧兽医类	3290	3083	2627
广播影视类	3276	2815	2646
土建施工类	3251	3182	2778
工商管理类	3210	2945	2771
艺术设计类	3204	2906	2803
经济贸易类	3197	2916	2711
语言文化类	3173	2877	2642
纺织服装类	3172	2880	2786
财政金融类	3163	3078	2894
建筑设备类	3163	3009	2582
食品药品管理类	3162	—	—
房地产类	3161	3005	2817
电力技术类	3157	3053	2823
生物技术类	3147	2739	2737
法律实务类	3127	2707	2491
林业技术类	3085	2870	2643
环保类	3075	2767	2616
建筑设计类	3023	2867	2544
公共事业类	3012	2641	2565
旅游管理类	3009	2774	2677
农业技术类	2974	2654	2455
公共管理类	2956	2674	2480
医学技术类	2951	—	—
食品类	2939	2742	2492
工程管理类	2931	2887	2485
制药技术类	2910	2774	2700
财务会计类	2832	2587	2409
药学类	2747	—	—
教育类	2742	2713	2422
护理类	2653	2499	2425
全国高职高专	**3200**	**2940**	**2731**

＊个别专业类因为样本较少，没有包括在内。

数据来源：麦可思－中国 2012～2014 届大学毕业生社会需求与培养质量调查。

表 1–3–11　2014 届高职高专生毕业半年后月收入排前 50 位的主要专业*

单位：元

高职高专专业名称	毕业半年后的平均月收入	高职高专专业名称	毕业半年后的平均月收入
航空服务	4391	汽车制造与装配技术	3489
铁道工程技术	4005	城市轨道交通工程技术	3476
航海技术	3786	电气自动化技术	3474
软件技术	3764	城市轨道交通控制	3472
石油化工生产技术	3717	计算机辅助设计与制造	3470
汽车技术服务与营销	3703	计算机控制技术	3461
移动通信技术	3677	人物形象设计	3460
机电设备维修与管理	3669	检测技术及应用	3455
电气化铁道技术	3654	汽车运用技术	3452
轮机工程技术	3631	模具设计与制造	3448
工程测量技术	3609	通信技术	3443
城市轨道交通运营管理	3596	影视动画	3442
道路桥梁工程技术	3589	计算机网络技术	3437
集装箱运输管理	3587	信息安全技术	3420
国际航运业务管理	3572	汽车整形技术	3417
船舶工程技术	3569	机械制造与自动化	3414
机械设计与制造	3558	焊接技术及自动化	3406
市场营销	3558	汽车电子技术	3401
市场开发与营销	3531	营销与策划	3397
微电子技术	3528	金融保险	3364
国际金融	3508	应用化工技术	3356
机电一体化技术	3498	房地产经营与估价	3349
电子信息工程技术	3492	视觉传达	3346
港口物流设备与自动控制	3490	应用电子技术	3344
数控技术	3490	楼宇智能化工程技术	3336
全国高职高专	**3200**	**全国高职高专**	**3200**

*毕业生规模过小的专业不包括在此排序中。

数据来源：麦可思–中国 2014 届大学毕业生社会需求与培养质量调查。

　　月收入的"增长率" =（2014 届毕业生的平均月收入 – 2013 届毕业生的平均月收入）/2013 届毕业生的平均月收入。

　　表 1–3–12 和表 1–3–13 分别是 2014 届高职高专生毕业半年后月收入增长最快和最慢的前十位专业类。可以看出，2014 届高职高专生毕业半

年后月收入增长最快的专业类为广播影视类，增长率为16.4%；毕业半年后月收入增长最慢的专业类为教育类，增长率为1.1%。

表1-3-12 2014届高职高专生毕业半年后月收入增长最快的前十位专业类
（与2013届对比）*

单位：%，元

高职高专专业类名称	增长率	2014届	2013届
广播影视类	16.4	3276	2815
法律实务类	15.5	3127	2707
测绘类	14.9	3556	3095
生物技术类	14.9	3147	2739
能源类	14.2	3467	3035
公共事业类	14.0	3012	2641
材料类	12.1	3418	3048
农业技术类	12.1	2974	2654
通信类	12.0	3487	3114
环保类	11.1	3075	2767

*毕业生规模过小的专业类不包括在此排序中。
数据来源：麦可思-中国2013届、2014届大学毕业生社会需求与培养质量调查。

表1-3-13 2014届高职高专生毕业半年后月收入增长最慢的前十位专业类
（与2013届对比）*

单位：%，元

高职高专专业类名称	增长率	2014届	2013届
教育类	1.1	2742	2713
工程管理类	1.5	2931	2887
土建施工类	2.2	3251	3182
财政金融类	2.8	3163	3078
电力技术类	3.4	3157	3053
机电设备类	3.7	3474	3350
制药技术类	4.9	2910	2774
建筑设备类	5.1	3163	3009
房地产类	5.2	3161	3005
建筑设计类	5.4	3023	2867

*毕业生规模过小的专业类不包括在此排序中。
数据来源：麦可思-中国2013届、2014届大学毕业生社会需求与培养质量调查。

（三）主要职业的薪资

表 1 – 3 – 14 是 2013 届、2014 届高职高专生毕业半年后从事的主要职业类的月收入。可以看出，2014 届高职高专生毕业半年后月收入最高的职业类是"矿山/石油"（3823 元），其次是"金融（银行/基金/证券/期货/理财）"（3782 元）。

表 1 – 3 – 14　2013 届、2014 届高职高专生毕业半年后从事的主要职业类的月收入*

单位：元

高职高专职业类名称	2014 届	2013 届
矿山/石油	3823	3565
金融（银行/基金/证券/期货/理财）	3782	3268
经营管理	3763	3185
交通运输/邮电	3732	3223
房地产经营	3665	3257
美容/健身	3652	—
互联网开发及应用	3650	3214
计算机与数据处理	3544	3015
船舶机械	3536	—
生产/运营	3516	3218
表演艺术/影视	3487	3065
销售	3484	3267
保险	3441	3119
电气/电子(不包括计算机)	3437	3294
机械/仪器仪表	3384	—
机动车机械/电子	3374	2900
测绘	3298	3012
工业安全与质量	3273	3140
电力/能源	3229	3166
家用/办公电器维修	3212	—
服装/纺织/皮革	3199	2941
物流/采购	3170	2914

续表

高职高专职业类名称	2014 届	2013 届
农/林/牧/渔类	3164	2989
生物/化工	3150	2996
餐饮/娱乐	3125	2861
建筑工程	3122	3064
美术/设计/创意	3110	2837
高等教育/职业培训	3096	2683
人力资源	3063	2784
环境保护	3061	—
媒体/出版	3046	2727
酒店/旅游/会展	3024	2709
公共关系	2968	2788
公安/检察/法院/经济执法	2876	2961
行政/后勤	2741	2586
财务/审计/税务/统计	2713	2566
医疗保健/紧急救助	2708	—
社区工作者	2669	—
中小学教育	2637	2365
幼儿与学前教育	2528	2460
全国高职高专	**3200**	**2940**

*个别职业类因为样本较少，没有包括在内。

数据来源：麦可思－中国 2013 届、2014 届大学毕业生社会需求与培养质量调查。

表 1－3－15　2014 届高职高专生毕业半年后月收入最高的前 50 位职业*

单位：元

高职高专毕业生月收入最高的前 50 位职业名称	毕业半年后的平均月收入
银行信贷员	4624
信贷经纪人	4440
市场经理	4357
销售经理	4294
互联网开发师	4202
总经理和日常主管	4163
贷款顾问	4161
金融服务销售商	4156

续表

高职高专毕业生月收入最高的前50位职业名称	毕业半年后的平均月收入
列车司机	4089
计算机程序员	4072
铁路闸、铁路信号和转辙器操作员	3978
非农产品的批发和零售卖主	3959
铁轨铺设及维护设备操作员	3923
一线销售经理(非零售)	3895
一线销售经理(零售)	3892
个人理财顾问	3881
采矿工程技术员	3816
运输服务员(不包括航空乘务员和行李搬运工)	3785
房地产经纪人	3738
机械装配技术员	3686
美容师	3683
计算机软件应用工程技术员	3681
电气工程技术员	3676
银行柜员	3648
机车整备员	3624
工业工程技术员	3612
舰艇建造技术员	3609
商业和工业电子和电器设备修理技术员	3601
其他销售代表、服务商	3595
翻译员	3585
交通技术员	3581
网络设计师	3575
销售代表(医疗用品)	3568
销售代表(机械设备和零件)	3534
职业培训师	3532
活动执行	3519
生产及操作人员的初级主管	3516
机械维护技术员	3511
地铁和路面电车操作员	3487
汽车个别部件技术员	3484
销售代表(批发和制造业,不包括科技类产品)	3471
保险推销员	3469

续表

高职高专毕业生月收入最高的前50位职业名称	毕业半年后的平均月收入
电子工程技术员	3468
销售代表(精密仪器)	3460
电子商务专员	3458
化工厂系统操作员	3457
半导体加工人员	3448
通信设备安装维护技术员	3447
加工金属或塑料的数控机床操作维护员	3439
销售技术员	3430
全国高职高专	**3200**

*个别职业因为样本较少，没有包括在内。

数据来源：麦可思－中国2014届大学毕业生社会需求与培养质量调查。

表1－3－16和表1－3－17分别是2014届高职高专生毕业半年后月收入增长最快和最慢的前十位职业类。可以看出，2014届高职高专生毕业半年后月收入增长最快的职业类为"经营管理"，增长率为18.1%；毕业半年后月收入增长最慢的职业类为"公安/检察/法院/经济执法"，增长率为－2.9%。

表1－3－16　2014届高职高专生毕业半年后月收入增长最快的前十位职业类
（与2013届对比）*

单位：%，元

高职高专职业类名称	增长率	2014届	2013届
经营管理	18.1	3763	3185
计算机与数据处理	17.5	3544	3015
机动车机械/电子	16.3	3374	2900
交通运输/邮电	15.8	3732	3223
金融(银行/基金/证券/期货/理财)	15.7	3782	3268
高等教育/职业培训	15.4	3096	2683
表演艺术/影视	13.8	3487	3065
互联网开发及应用	13.6	3650	3214
房地产经营	12.5	3665	3257
媒体/出版	11.7	3046	2727

*毕业生规模过小的职业类不包括在此排序中。

数据来源：麦可思－中国2013届、2014届大学毕业生社会需求与培养质量调查。

表 1 – 3 – 17　2014 届高职高专生毕业半年后月收入增长最慢的前十位职业类
（与 2013 届对比）*

单位：%，元

高职高专职业类名称	增长率	2014 届	2013 届
公安/检察/法院/经济执法	–2.9	2876	2961
建筑工程	1.9	3122	3064
电力/能源	2.0	3229	3166
幼儿与学前教育	2.8	2528	2460
工业安全与质量	4.2	3273	3140
电气/电子（不包括计算机）	4.3	3437	3294
生物/化工	5.1	3150	2996
财务/审计/税务/统计	5.7	2713	2566
农/林/牧/渔类	5.9	3164	2989
行政/后勤	6.0	2741	2586

＊毕业生规模过小的职业类不包括在此排序中。

数据来源：麦可思 – 中国 2013 届、2014 届大学毕业生社会需求与培养质量调查。

（四）主要行业的薪资

表 1 – 3 – 18 是 2013 届、2014 届高职高专生毕业半年后在主要行业类的月收入。可以看出，2014 届高职高专生毕业半年后月收入最高的行业类为"金融（银行/保险/证券）业"（3720 元），其次是"运输业"（3677 元）。

表 1 – 3 – 18　2013 届、2014 届高职高专生毕业半年后在主要行业类的月收入*

单位：元

高职高专行业类名称	2014 届	2013 届
金融(银行/保险/证券)业	3720	3238
运输业	3677	3200
交通工具制造业	3604	3131
房地产开发销售租赁及其他租赁业	3478	3069

续表

高职高专行业类名称	2014 届	2013 届
媒体、信息及通信产业	3443	3083
艺术、娱乐和休闲业	3407	3099
矿业	3404	3322
电子电气仪器设备及电脑制造业	3398	3211
初级金属制造业	3357	3030
邮递、物流及仓储业	3261	2944
家具、医疗设备及其他制成品业	3246	2972
机械五金制造业	3187	2938
食品、烟草、加工业	3171	2894
零售商业	3170	2874
木品和纸品业	3147	2956
农业、林业、渔业和畜牧业	3142	2972
纺织皮革及成品加工业	3132	2910
化学品、化工、塑胶业	3131	3034
玻璃粘土、石灰水泥制品业	3129	2822
批发商业	3121	2879
水电煤气公用事业	3108	2911
建筑业	3086	3011
各类专业设计与咨询服务业	3084	2763
其他服务业（除行政服务）	2993	2743
住宿和饮食业	2940	2698
行政、商业和环境保护辅助业	2863	2688
政府及公共管理	2837	2815
教育业	2830	2607
医疗和社会护理服务业	2764	2561
全国高职高专	3200	2940

　＊个别行业类因为样本较少，没有包括在内。

　数据来源：麦可思－中国2013届、2014届大学毕业生社会需求与培养质量调查。

表1－3－19和表1－3－20分别是2014届高职高专生毕业半年后月收入增长最快和最慢的前五位行业类。可以看出，2014届高职高专生毕业半年后月收入增长最快的行业类为"交通工具制造业"，增长率为15.1%；毕业半年后月收入增长最慢的行业类为"政府及公共管理"，增长率为0.8%。

表1－3－19　2014届高职高专生毕业半年后月收入增长最快的前五位行业类
（与2013届对比）*

单位：%，元

高职高专行业类名称	增长率	2014届	2013届
交通工具制造业	15.1	3604	3131
金融（银行/保险/证券）业	14.9	3720	3238
运输业	14.9	3677	3200
房地产开发销售租赁及其他租赁业	13.3	3478	3069
媒体、信息及通信产业	11.7	3443	3083

*毕业生规模过小的行业类不包括在此排序中。
数据来源：麦可思－中国2013届、2014届大学毕业生社会需求与培养质量调查。

表1－3－20　2014届高职高专生毕业半年后月收入增长最慢的前五位行业类
（与2013届对比）*

单位：%，元

高职高专行业类名称	增长率	2014届	2013届
政府及公共管理	0.8	2837	2815
矿业	2.5	3404	3322
建筑业	2.5	3086	3011
化学品、化工、塑胶业	3.2	3131	3034
农业、林业、渔业和畜牧业	5.7	3142	2972

*毕业生规模过小的行业类不包括在此排序中。
数据来源：麦可思－中国2013届、2014届大学毕业生社会需求与培养质量调查。

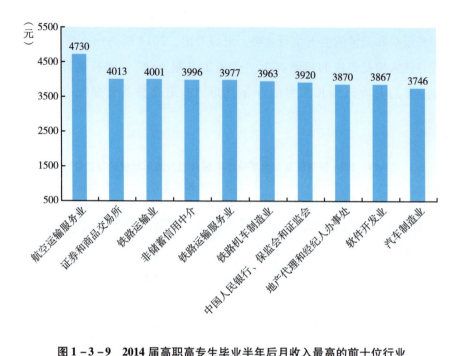

图 1 – 3 – 9　2014 届高职高专生毕业半年后月收入最高的前十位行业

数据来源：麦可思 – 中国 2014 届大学毕业生社会需求与培养质量调查。

（五）用人单位的薪资

图 1 – 3 – 10 是 2013 届、2014 届高职高专生毕业半年后在各类型用人单位的月收入。可以看出，2014 届高职高专毕业生毕业半年后在"中外合资/外资/独资"单位就业的人群月收入最高（3484 元）；与2013 届相比，2014 届高职高专毕业生在各类型用人单位就业的月收入都有所上升。

图 1 – 3 – 11 是 2013 届、2014 届高职高专生毕业半年后在各规模用人单位的月收入。可以看出，2014 届高职高专毕业生在"3000 人以上"规模的大型用人单位就业的月收入最高（3611 元）；与 2013 届相比，2014 届高职高专毕业生在各规模用人单位就业的月收入都有所上升。

图1-3-10　2013届、2014届高职高专生毕业半年后在各类型用人单位的月收入

数据来源：麦可思-中国2013届、2014届大学毕业生社会需求与培养质量调查。

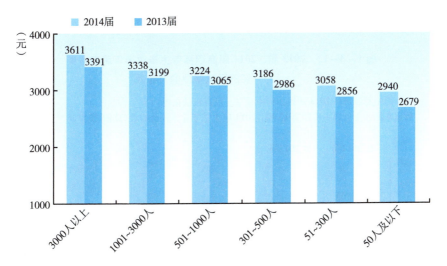

图1-3-11　2013届、2014届高职高专生毕业半年后在各规模用人单位的月收入

数据来源：麦可思-中国2013届、2014届大学毕业生社会需求与培养质量调查。

（六）各类经济区域的薪资

图1-3-12是2013届、2014届高职高专生毕业半年后在各类经济区

域就业的月收入。可以看出，2014届高职高专生毕业半年后在泛长江三角洲区域经济体就业的月收入最高，为3369元。

图1–3–12　2013届、2014届高职高专生毕业半年后在各类经济区域就业的月收入*

* 西部生态经济区2013届因为样本较少，没有包括在内。
数据来源：麦可思–中国2013届、2014届大学毕业生社会需求与培养质量调查。

图1–3–13　2013届、2014届高职高专生毕业半年后在各类城市就业的月收入

数据来源：麦可思–中国2013届、2014届大学毕业生社会需求与培养质量调查。

四 工作与专业相关度

（一）总体工作与专业相关度

工作与专业相关度 = 受雇全职工作并且与专业相关的毕业生人数/受雇全职工作的毕业生人数。

图 1 - 3 - 14 是 2012～2014 届大学生毕业半年后的工作与专业相关度。可以看出，2014 届本科和高职高专毕业生的工作与专业相关度分别为 69%、62%，均与 2013 届、2012 届（分别为 69%、62%）持平。从近三届的趋势可以看出，大学毕业生的工作与专业相关度呈现平稳发展趋势。

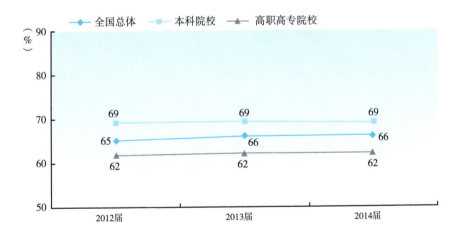

图 1 - 3 - 14　2012～2014 届大学生毕业后的工作与专业相关度*

* 因为四舍五入进位，2012 届全国总体与 2013 届、2014 届不同。
数据来源：麦可思 - 中国 2012～2014 届大学毕业生社会需求与培养质量调查。

（二）选择与专业无关工作的原因

图 1 - 3 - 15 是 2013 届、2014 届高职高专生毕业半年后选择与专业无

关工作的主要原因。可以看出，2014 届高职高专毕业生选择与专业无关工作的主要原因是"迫于现实先就业再择业"（29%）、"专业工作不符合自己的职业期待"（28%）。

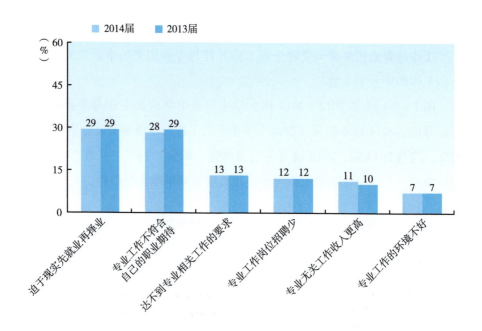

图 1 - 3 - 15　2013 届、2014 届高职高专生毕业半年后选择与专业无关工作的主要原因

数据来源：麦可思 - 中国 2013 届、2014 届大学毕业生社会需求与培养质量调查。

（三）主要专业的专业相关度

表 1 - 3 - 21 是 2012～2014 届高职高专主要专业大类毕业生的工作与专业相关度变化趋势。可以看出，在 2014 届高职高专专业大类中，专业相关度最高的是医药卫生大类（89%），其次是材料与能源大类（79%），最低的是公共事业大类（45%）。

表 1 – 3 – 21　2012 ～ 2014 届高职高专主要专业大类毕业生的工作与专业
相关度变化趋势 *

单位：%

高职高专专业大类名称	2014 届	2013 届	2012 届
医药卫生大类	89	87	86
材料与能源大类	79	78	79
土建大类	77	81	80
交通运输大类	65	69	71
资源开发与测绘大类	64	—	—
生化与药品大类	61	60	60
艺术设计传媒大类	60	58	57
农林牧渔大类	59	—	62
财经大类	58	62	62
文化教育大类	58	58	60
制造大类	56	58	57
轻纺食品大类	53	54	52
旅游大类	53	50	53
环保、气象与安全大类	49	—	—
电子信息大类	49	50	52
公共事业大类	45	—	—
全国高职高专	**62**	**62**	**62**

* 个别专业大类因为样本较少，没有包括在内。

数据来源：麦可思 – 中国 2012 ～ 2014 届大学毕业生社会需求与培养质量调查。

表 1 – 3 – 22　2014 届高职高专毕业生工作与专业相关度排前 30 位的主要专业 *

单位：%

高职高专专业名称	工作与专业相关度	高职高专专业名称	工作与专业相关度
临床医学	98	道路桥梁工程技术	82
医学影像技术	93	建筑工程技术	82
助产	92	中药制药技术	80
护理	92	语文教育	80
学前教育	91	建筑设备工程技术	79
康复治疗技术	90	建筑设计技术	77
医学检验技术	89	供热通风与空调工程技术	77
发电厂及电力系统	86	水利水电建筑工程	76

续表

高职高专专业名称	工作与专业相关度	高职高专专业名称	工作与专业相关度
铁道工程技术	86	工程测量技术	76
药学	85	城市轨道交通工程技术	75
中药	84	工程造价	75
电力系统自动化技术	84	供用电技术	75
电气化铁道技术	84	公路监理	75
市政工程技术	83	城市轨道交通控制	75
地下工程与隧道工程技术	83	建筑工程管理	74
全国高职高专	62	全国高职高专	62

＊毕业生规模过小的专业不包括在此排序中。

数据来源：麦可思－中国2014届大学毕业生社会需求与培养质量调查。

（四）主要职业的工作与专业相关度

表1－3－23　2014届高职高专毕业生工作与专业相关度要求最高的前20位职业＊

单位：%

职业名称	工作与专业相关度	职业名称	工作与专业相关度
护士	98	预算员	92
船员	98	建筑技术员	91
放射技术员	97	药剂师助理	91
药剂技师	96	施工技术员	89
护士助理和护理员	95	建筑设计员（非园林和水上景观）	89
园林建筑技术员	95	室内设计师	88
理疗员	94	时尚设计师	88
医学及临床实验的技术员	94	会计	87
土木建筑工程技术员	93	测量技术员	87
医生助手	93	包装设计师	87
全国高职高专	62	全国高职高专	62

＊毕业生规模过小的职业不包括在此排序中。

数据来源：麦可思－中国2014届大学毕业生社会需求与培养质量调查。

表 1 – 3 – 24 2014 届高职高专毕业生工作与专业相关度要求
最低的前 20 位职业 *

单位：%

职业名称	工作与专业相关度
个人理财顾问	24
保险推销员	25
手工包装工	26
金融服务销售商	28
文员	29
行政秘书和行政助理	29
其他种类的人力资源、培训和劳资关系专职人员	29
客服专员	30
贷款顾问	31
保单管理员	31
警察	31
房地产经纪人	32
公关专员	34
招聘专职人员	36
数据录入员	36
餐饮服务主管	36
广告业务员	36
一线销售经理（非零售）	37
市场专员	37
人力资源助理	37
全国高职高专	**62**

* 毕业生规模过小的职业不包括在此排序中。
数据来源：麦可思 – 中国 2014 届大学毕业生社会需求与培养质量调查。

五 离职率

离职率：有过工作经历的 2014 届毕业生（从毕业时到 2014 年 12 月 31

日）有多大比例发生过离职。离职率＝曾经发生离职行为的毕业生人数/现在工作或曾经工作过的毕业生人数。

离职类型： 分为主动离职（辞职）、被雇主解职、两者均有（离职两次以上可能会出现）三类情形。

（一）离职率

图1－3－16是2013届、2014届大学生毕业半年内的离职率。可以看出，2014届大学毕业生毕业半年内的离职率（33％）与2013届（34％）基本持平。其中，本科院校2014届毕业生毕业半年内离职率为23％，与2013届（24％）基本持平，高职高专院校2014届毕业生毕业半年内离职率为42％，与2012届（43％）基本持平。

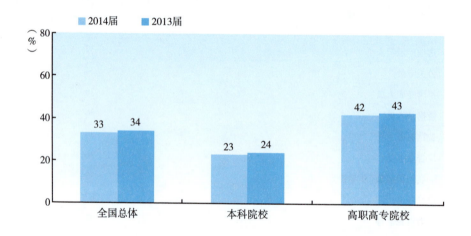

图1－3－16　2013届、2014届大学生毕业半年内的离职率

数据来源：麦可思－中国2013届、2014届大学毕业生社会需求与培养质量调查。

表1－3－25是2013届、2014届高职高专主要专业大类毕业生毕业半年内的离职率。可以看出，在2014届高职高专专业大类中，医药卫生大类半年内离职率最低（20％），艺术设计传媒大类的半年内离职率最高（51％）。

表 1 – 3 – 25　2013 届、2014 届高职高专主要专业大类毕业生
毕业半年内的离职率 *

单位：%

高职高专专业大类名称	2014 届	2013 届
医药卫生大类	20	21
材料与能源大类	26	23
交通运输大类	32	28
土建大类	39	39
资源开发与测绘大类	40	—
生化与药品大类	41	44
文化教育大类	41	40
制造大类	43	43
环保、气象与安全大类	44	—
农林牧渔大类	45	—
轻纺食品大类	45	46
公共事业大类	46	—
旅游大类	47	49
财经大类	47	48
电子信息大类	49	49
艺术设计传媒大类	51	53
全国高职高专	**42**	**43**

* 个别专业大类因为样本较少，没有包括在内。
数据来源：麦可思 – 中国 2013 届、2014 届大学毕业生社会需求与培养质量调查。

（二）离职类型和主要离职原因

图 1 – 3 – 17 和图 1 – 3 – 18 是 2013 届、2014 届高职高专毕业生的离职类型和主动离职的原因。可以看出，2014 届高职高专毕业生毕业半年内离职的人群有 98％发生过主动离职，主动离职的主要原因是"个人发展空间不够"、"薪资福利偏低"（均为 49％）。

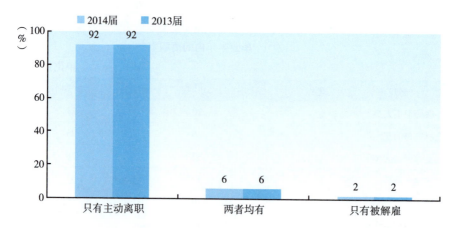

图1-3-17 2013届、2014届高职高专毕业生的离职类型分布

数据来源：麦可思-中国2013届、2014届大学毕业生社会需求与培养质量调查。

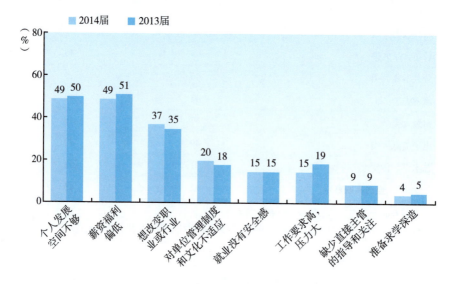

图1-3-18 2013届、2014届高职高专毕业生主动离职的原因（多选）

数据来源：麦可思-中国2013届、2014届大学毕业生社会需求与培养质量调查。

结论摘要

1. 2015 年高职高专就业红牌专业包括法律事务、语文教育、初等教育、投资与理财、应用日语、国际金融;黄牌专业包括会计电算化、工商企业管理、计算机多媒体技术、计算机应用技术。以上专业部分与 2014 年的红黄牌专业相同,属于失业量较大,就业率、月收入和就业满意度综合较低的高失业风险型专业。

2. 2015 年高职高专就业绿牌专业包括铁道工程技术、电气化铁道技术、石油化工生产技术、电力系统自动化技术、供用电技术、楼宇智能化工程技术。以上专业部分与 2014 年的绿牌专业相同,属于失业量较小,就业率、月收入和就业满意度综合较高的需求增长型专业。

红牌专业:失业量较大,就业率、月收入和就业满意度综合较低的专业,为高失业风险型专业。

黄牌专业:除红牌专业外,失业量较大,就业率、月收入和就业满意度综合较低的专业。

绿牌专业:失业量较小,就业率、月收入和就业满意度综合较高的专业,为需求增长型专业。

出现红、黄牌专业的原因既可能是供大于求,也可能是培养质量达不到岗位需求,而这是大学毕业生找不到工作与企业招不到人才的原因之一。专业预警分析可以引导政府和高校主动调整学科专业设置,提高人才培养质量，增强高等教育的人才培养对社会需求的质与量的敏感度和反应性，从而更好地建立与社会需求相适应的专业结构。

表1-4-1是2015年高职高专就业"红黄绿牌"专业。2015年高职高专就业红牌专业包括法律事务、语文教育、初等教育、投资与理财、应用日语、国际金融；黄牌专业包括会计电算化、工商企业管理、计算机多媒体技术、计算机应用技术。以上专业部分与2014年的红黄牌专业相同，属于失业量较大，就业率、月收入和就业满意度综合较低的高失业风险型专业，这些专业具有持续性。

表1-4-1 2015年高职高专就业"红黄绿牌"专业

红牌专业	黄牌专业	绿牌专业
法律事务	会计电算化	铁道工程技术
语文教育	工商企业管理	电气化铁道技术
初等教育	计算机多媒体技术	石油化工生产技术
投资与理财	计算机应用技术	电力系统自动化技术
应用日语		供用电技术
国际金融		楼宇智能化工程技术

数据来源：麦可思-中国2012~2014届大学毕业生社会需求与培养质量调查。

第五章
能力与知识

结论摘要

一 基本工作能力

1. 无论是本科毕业生还是高职高专毕业生，其毕业时掌握的基本工作能力水平均低于工作岗位要求的水平。

2. 2014届高职高专毕业生在理解交流能力中最重要的是有效的口头沟通能力（重要度为72%），其满足度为84%；科学思维能力中最重要的是科学分析能力（重要度为62%），其满足度为84%；管理能力中最重要的是说服他人能力（重要度为74%），其满足度为75%；应用分析能力中最重要的是新产品构思能力（重要度为68%），其满足度为76%；动手能力中最重要的是电脑编程能力（重要度为74%），其满足度为66%。

二 核心知识

2014届高职高专毕业生最重要的核心知识是销售与营销知识（重要度为66%），其满足度较低（75%）。

一 基本工作能力

（一）背景介绍

工作能力：从事某项职业工作必须具备的能力，分为职业工作能力和基本工作能力。职业工作能力是从事某一职业特殊需要的能力，基本工作能力是从事所有工作都必须具备的能力,麦可思参考美国 SCANS 标准,把基本工作能力分为 35 项。根据麦可思的工作能力分类,中国大学生可以从事的职业共 695 个,对应的职业能力近万条。

五大类基本工作能力:麦可思参考美国 SCANS 标准,将 35 项基本工作能力划为五大类型,分别是理解与交流能力、科学思维能力、管理能力、应用分析能力和动手能力(见图 1 - 5 - 1)。

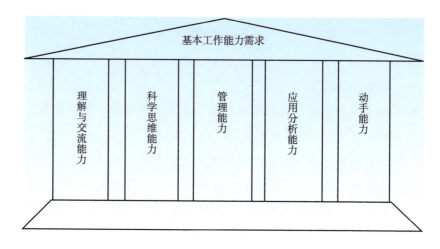

图 1 - 5 - 1　五大类基本工作能力

表 1 - 5 - 1　基本工作能力定义及序号

序号	五大类能力	名称	描述
1	理解与交流能力	理解性阅读	理解工作文件的句子和段落
2	理解与交流能力	积极聆听	理解对方讲话的要点,适当地提出问题
3	理解与交流能力	有效的口头沟通	交谈中有效果地传递信息
4	理解与交流能力	积极学习	理解信息中的启示,用于解决问题,帮助做出决定
5	理解与交流能力	学习方法	在训练和指导工作时选择方法与程序
6	理解与交流能力	理解他人	关注并理解他人的反应
7	理解与交流能力	服务他人	积极地寻找方法来帮助他人
8	科学性思维能力	针对性写作	根据读者需求有效果地传递信息

序号	五大类能力	名称	描述
9	科学性思维能力	数学解法	用数学方法来解决问题
10	科学性思维能力	科学分析	用科学的原理和方法来解决问题
11	科学性思维能力	批判性思维	运用逻辑推理来判定解决问题的建议、结论和方法的优缺点
12	管理能力	绩效监督	监督和评估自己、他人或组织的绩效以采取改进行动
13	管理能力	协调安排	根据他人的需要调整工作安排
14	管理能力	说服他人	说服他人改变想法或者行为
15	管理能力	谈判技能	与他人沟通并且达成一致
16	管理能力	指导他人	指导他人怎样去做一件事
17	管理能力	解决复杂的问题	识别复杂问题并查阅信息以发现和评估解决方案
18	管理能力	判断和决策	考虑各方案的成本和收益,决定最合适的方案
19	管理能力	时间管理	管理自己和他人的时间
20	管理能力	财务管理	决定怎样花钱以完成工作,并为这些开支记账核算
21	管理能力	物资管理	如何按照工作的特定需要获得设备、厂房和材料,以及监督其合理使用
22	管理能力	人力资源管理	在工作中激发、指导人们的工作,寻找适合各项工作的人
23	应用分析能力	新产品构思	分析需求和生产的可能性以开发出新产品
24	应用分析能力	技术设计	按要求设计和修改设备与技术
25	应用分析能力	设备选择	决定使用哪一种工具和设备来做一项工作
26	应用分析能力	质量控制分析	对产品、服务或工作程序进行测试和检查以评价其质量和绩效
27	应用分析能力	操作监控	监视仪表、控制器和其他指示器以保证机器正常运行
28	应用分析能力	操作和控制	控制设备和系统的运行
29	应用分析能力	设备维护	对设备进行日常维护并决定什么时候进行何种维护
30	应用分析能力	疑难排解	判断出操作错误的产生原因并决定纠错对策

续表

序号	五大类能力	名称	描述
31	应用分析能力	系统分析	判定变化对一个系统运行结果的影响
32	应用分析能力	系统评估	识别系统绩效的评估方法或指标,根据系统目标采取行动来改进系统表现
33	动手能力	安装能力	按照特定要求来安装设备、机器、管线或程序
34	动手能力	电脑编程	为各种目的编写电脑程序
35	动手能力	维修机器和系统	使用必要的工具来修理机器和系统

基本工作能力的重要度：用于定义正在工作的大学毕业生所理解的35项基本工作能力在其岗位工作中的重要程度，分为"无法评估"、"不重要"、"有些重要"、"重要"、"非常重要"和"极其重要"六个层次，数据处理时把重要性处理为百分比，0代表"不重要"，25%代表"有些重要"，50%代表"重要"，75%代表"非常重要"，100%代表"极其重要"。

工作岗位要求的工作能力水平：用于定义正在工作的大学毕业生所理解的工作对35项基本工作能力的要求级别，从低到高分为一级到七级。一级代表该能力的最低水平，取值1/7；七级代表该能力的最高水平，取值1。为了帮助答题人自评级别，问卷在一级到七级中分别举了三个例子，以帮助答题人理解能力的差别。

毕业时掌握的基本工作能力水平：用于定义正在工作的大学毕业生所理解的在刚毕业时对35项基本工作能力实际掌握的级别，从低到高分为一级到七级。一级代表该能力的最低水平，取值1/7；七级代表该能力的最高水平，取值1。为了帮助答题人自评级别，问卷在一级到七级中分别举了三个例子，以帮助答题人理解能力的差别。

基本工作能力的满足度：毕业时掌握的基本工作能力水平满足社会初始岗位的工作要求水平的百分比，100%为完全满足。满足度计算公式的分子是毕业时掌握的基本工作能力水平，分母是工作要求的水平。

（二）基本工作能力重要度和满足度

图 1 - 5 - 2、图 1 - 5 - 3 和图 1 - 5 - 4 分别是 2012～2014 届大学毕业生毕业时掌握的基本工作能力水平和工作岗位要求达到的水平，以及在此基础上计算出的能力满足度。可以看出，无论是本科毕业生还是高职高专毕业生，其毕业时掌握的基本工作能力水平均低于工作岗位要求的水平。

图 1 - 5 - 2　2012～2014 届大学毕业生毕业时掌握的基本工作能力水平

数据来源：麦可思 - 中国 2012～2014 届大学毕业生社会需求与培养质量调查。

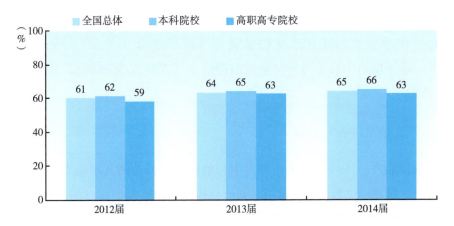

图 1 - 5 - 3　2012～2014 届大学毕业生工作岗位要求达到的基本工作能力水平

数据来源：麦可思 - 中国 2012～2014 届大学毕业生社会需求与培养质量调查。

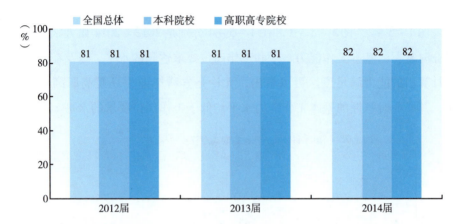

图 1 - 5 - 4　2012～2014 届大学毕业生的基本工作能力的满足度

数据来源：麦可思 - 中国 2012～2014 届大学毕业生社会需求与培养质量调查。

图 1 - 5 - 5 是 2014 届高职高专毕业生各项基本工作能力的重要度和满足度。可以看出，2014 届高职高专毕业生在理解交流能力中最重要的是有效的口头沟通能力（重要度为 72%），其满足度为 84%；科学思维能力中最重要的是科学分析能力（重要度为 62%），其满足度为 84%；管理能力中最重要的是说服他人能力（重要度为 74%），其满足度为 75%；应用分析能力中最重要的是新产品构思能力（重要度为 68%），其满足度为 76%；动手能力中最重要的是电脑编程能力（重要度为 74%），其满足度为 66%。

（三）创新能力分析

创新能力：35 项基本工作能力中与创新能力相关的几项能力，包括科学分析、批判性思维、积极学习、新产品构思四种能力。

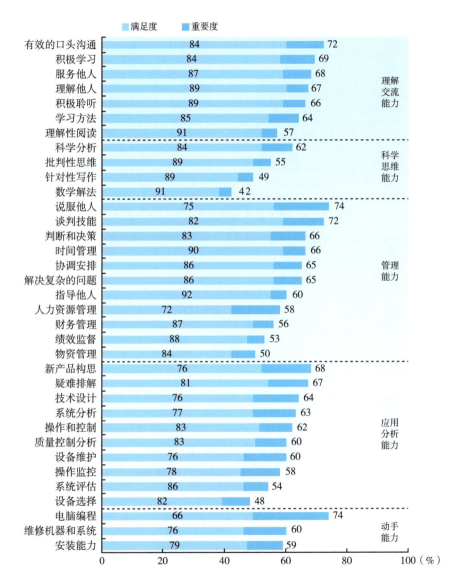

图 1－5－5　2014 届高职高专毕业生的各项基本工作能力的重要度和满足度

数据来源：麦可思－中国 2014 届大学毕业生社会需求与培养质量调查。

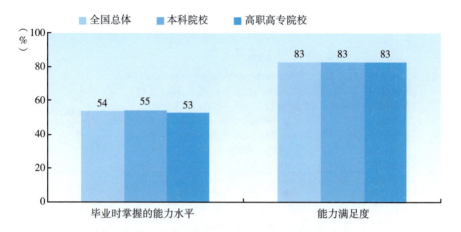

图 1 – 5 – 6 2014 届大学毕业生的创新能力指标

数据来源：麦可思 – 中国 2014 届大学毕业生社会需求与培养质量调查。

二 核心知识

（一）背景介绍

核心知识：从事某项职业必须具备的知识。麦可思参考美国 SCANS 标准，将核心知识分为 28 项。根据麦可思的核心知识分类，中国大学生可以从事的职业共 695 个，对应的职业知识近万条。

大学毕业生在校期间所掌握的 28 项知识，具体描述见表 1 – 5 – 2。

表 1 – 5 – 2 核心知识定义及序号

序号	名称	描述
1	行政与管理	关于战略规划、资源分配、人力资源、领导技巧、生产方法、人员与资源协调的商业管理原理
2	生物学	关于动植物有机体的组织、细胞、功能的知识，包括生物体的相互作用及其与环境的依赖和相互作用
3	化学	关于物质的化学组成、结构、性质、化学反应及变化的知识，包括掌握化学物品的危险特征、制备方法以及安全处理方法

续表

序号	名称	描述
4	文秘	关于行政和文书记录程序和系统的知识,例如:文字处理、文件记录归档、速记和誊写、表格设计等,还要掌握其他一些办公程序和专门用语
5	传播与媒体	关于传媒制作、交流、传播技术和方法的知识,包括通过书面、口头和可视媒体等方式来传达信息或娱乐受众
6	计算机与电子学	关于线路板、处理器、芯片、电子设备和电脑软硬件的知识,包括关于应用软件和编程方面的知识
7	消费者服务与个人服务	关于向顾客、个人提供服务的原理及过程的知识,这包括评估顾客需求以达到服务质量标准,并确定顾客的满意程度
8	设计	关于在精密技术方案、蓝图、绘图和模型中所涉及的设计技术、工具和原理的知识
9	经济学与会计	关于经济学和会计学的原理与实践,涉及金融市场、银行业以及对金融数据进行分析和报告的知识
10	教育与培训	关于课程设置和培训的原理和方法,教授和指导个人及团体,以及评估培训效果的知识
11	工程与技术	关于工程科技的实际应用的知识,包括应用原理、技术、程序、设计、生产多种产品和服务所用的设备
12	中文语言	关于汉语语言结构和内容的知识,包括词的意义和书写、构成规则和语法
13	美术	关于音乐、舞蹈、视觉艺术、戏剧和雕塑等艺术作品的创作、制作和表现中所涉及的理论和技术知识
14	外国语	关于一门外语语言结构和内容的知识,包括单词的意义和拼写、构成规则、语法和发音
15	地理学	关于描述陆地、海洋、大气特征的原理和方法的知识,包括其物理特征、位置、相互关系,以及关于植物、动物和人类分布的知识
16	历史学与考古学	关于历史事件及其起因、标志,以及对文明和文化的影响的知识
17	法律与政府	关于法律、法规、法庭程序、判例、政府规定、行政指令、机构规则和民主政治进程的知识
18	数学	关于算术、代数、几何、微积分、统计及其应用的知识
19	机械	关于机械和工具的知识,包括其设计、使用、修理和保养
20	人事与人力资源	关于招聘、选拔、培训、薪酬福利、劳动关系和谈判、人事信息系统的知识
21	哲学	关于不同哲学系统和宗教流派的知识,包括基本原理、价值观、道德观、思考方式、习俗、惯例及其对人类文化的影响

序号	名称	描述
22	物理学	关于物质世界的原理、定理和物质相互作用的知识和预测,以及通过实验手段去了解的关于物质、大气运动、机械、电子、原子和亚原子结构与过程的知识
23	生产与加工	关于原材料、生产过程、质量控制、成本和其他知识,并使有限物资有效和最大限度地应用到制造和分配货物中的知识
24	心理学	关于人类行为和表现,能力、个性和兴趣的个体差异,学习与动机,心理研究方法,以及对行为和情感紊乱的评价和治疗的知识
25	销售与营销	关于展示、促销产品及服务的原则和方法的知识,包括营销策略、产品展示、销售技巧及销售控制体系
26	社会学和人类学	关于群体行为和动力学、社会趋势和影响、人类迁徙,以及种族、文化及其历史和起源的知识
27	电信学	关于电信体系中传输、播报、转换、控制和运营的知识
28	治疗与保健咨询	关于身体和精神功能紊乱的诊断、治疗、复健,以及职业咨询与指导的原则、方法和程序的知识

核心知识的重要度:用于定义正在工作的大学毕业生所理解的各项知识在其岗位工作中的重要程度,分为"无法评估"、"不重要"、"有些重要"、"重要"、"非常重要"和"极其重要"六个层次,数据处理时把重要性处理为百分比,0代表"不重要",25%代表"有些重要",50%代表"重要",75%代表"非常重要",100%代表"极其重要"。

工作要求的核心知识水平:用于定义正在工作的大学毕业生所理解的工作对各项知识的要求级别,从低到高分为一级到七级。一级代表该知识的最低水平,取值1/7;七级代表该知识的最高水平,取值1。为了帮助答题人自评级别,问卷在一级到七级中分别举了三个例子,以帮助答题人理解知识水平差别。

毕业时掌握的核心知识水平:用于定义正在工作的大学毕业生所理解的在刚毕业时对各项知识实际掌握的级别,从低到高分为一级到七级。一级代表该知识的最低水平,取值1/7;七级代表该知识的最高水平,取值1。为了帮助答题人自评级别,问卷在一级到七级中分别举了三个例子,以帮助答题人理解知识水平差别。

核心知识的满足度：毕业时掌握的核心知识水平满足社会初始岗位的工作要求水平的程度，100%为完全满足。满足度计算公式的分子是毕业时掌握的核心知识水平，分母是工作要求的核心知识水平。

（二）核心知识重要度和满足度

图1-5-7是2014届高职高专毕业生的各项核心知识的重要度和满足度。可以看出，2014届高职高专毕业生最重要的核心知识是销售与营销知识（重要度为66%），其满足度较低（75%）。

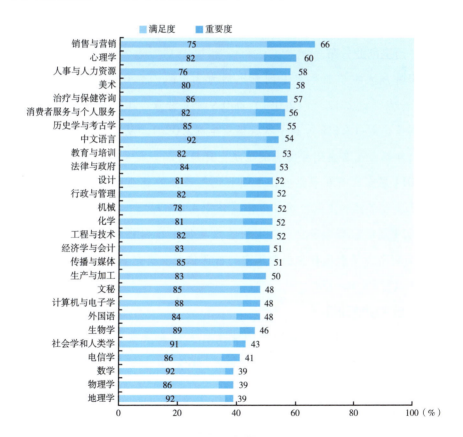

图1-5-7　2014届高职高专毕业生的各项核心知识的重要度和满足度*

*哲学知识由于样本较少，没有包括在内。

数据来源：麦可思-中国2014届大学毕业生社会需求与培养质量调查。

B.8

第六章

自主创业

结论摘要

一 自主创业分布

1. 2014届大学毕业生自主创业比例为2.9%，比2013届（2.3%）高0.6个百分点，比2012届（2.0%）高0.9个百分点。2014届高职高专毕业生自主创业比例（3.8%）高于本科毕业生（2.0%）。从近三届的趋势可以看出，大学毕业生自主创业的比例呈现上升趋势。

2. 2014届高职高专毕业生自主创业比例最高的就业经济区域为泛长江三角洲区域经济体和中原区域经济体（均为4.6%）。

3. 2014届高职高专毕业生自主创业主要集中在销售职业类（19.9%）。2014届高职高专毕业生自主创业集中的前两位行业类是零售商业（14.2%）和建筑业（8.2%）。

二 自主创业动机

创业理想是2014届高职高专毕业生自主创业最重要的动力（45%），因为找不到合适的工作才创业的比例较小（6%）。加强创业意识的培养才是提升毕业生自主创业率的有效途径。

三 自主创业资金来源

2014届高职高专毕业生自主创业的资金主要依靠父母/亲友投资或借贷和个人积蓄（78%），而来自政府资助（2%）、商业性风险投资（1%）的比例均较小。

一 自主创业分布

图 1－6－1 是 2012～2014 届大学毕业生自主创业的比例变化趋势。可以看出，2014 届大学毕业生自主创业比例为 2.9%，比 2013 届（2.3%）高 0.6 个百分点，比 2012 届（2.0%）高 0.9 个百分点。2014 届高职高专毕业生自主创业比例（3.8%）高于本科毕业生（2.0%）。从近三届的趋势可以看出，大学毕业生自主创业的比例呈现上升趋势。

图 1－6－1　2012～2014 届大学毕业生自主创业的比例变化趋势

数据来源：麦可思－中国 2012～2014 届大学毕业生社会需求与培养质量调查。

就业经济区域自主创业比例＝在本经济区域自主创业的 2014 届大学毕业生人数/在本经济区域就业的 2014 届大学毕业生人数。

图 1－6－2 是在各经济区域就业的 2014 届高职高专毕业生自主创业的比例。可以看出，2014 届高职高专毕业生自主创业比例最高的就业经济区域为泛长江三角洲区域经济体和中原区域经济体（均为 4.6%）。

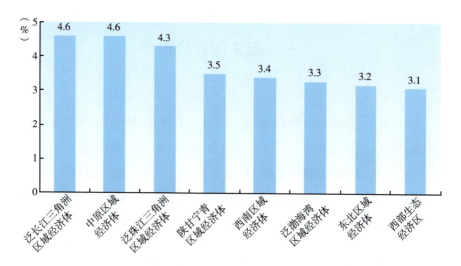

图1-6-2 在各经济区域就业的2014届高职高专毕业生自主创业的比例

数据来源：麦可思-中国2014届大学毕业生社会需求与培养质量调查。

自主创业集中的职业类的比例：2014届同学历层次自主创业人群中有多大比例的毕业生从事该职业类。分子是2014届自主创业人群中从事该职业类的毕业生人数，分母是2014届同学历层次毕业生自主创业的总人数。

图1-6-3是2014届高职高专毕业生自主创业最集中的前五位职业类。可以看出，2014届高职高专毕业生自主创业主要集中在销售职业类（19.9%）。

自主创业集中的行业类的比例：2014届同学历层次自主创业人群中有多大比例毕业生在该行业类就业，分子是2014届自主创业人群中在该行业类就业的毕业生人数，分母是2014届同学历层次毕业生自主创业的总人数。

图1-6-4是2014届高职高专毕业生自主创业最集中的前五位行业类。可以看出，2014届高职高专毕业生自主创业集中的前两位行业类是零售商业（14.2%）和建筑业（8.2%）。

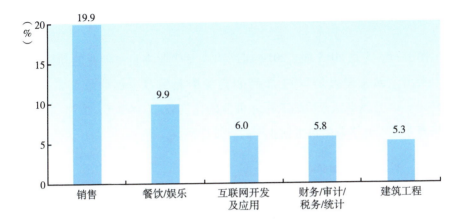

图 1 - 6 - 3　2014 届高职高专毕业生自主创业最集中的前五位职业类

数据来源：麦可思－中国 2014 届大学毕业生社会需求与培养质量调查。

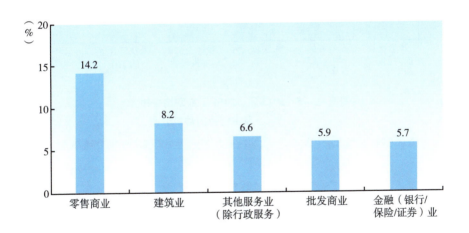

图 1 - 6 - 4　2014 届高职高专毕业生自主创业最集中的前五位行业类

数据来源：麦可思－中国 2014 届大学毕业生社会需求与培养质量调查。

二 自主创业动机

图 1 - 6 - 5 是 2013 届、2014 届高职高专毕业生自主创业的动机分布。可以看出，创业理想是 2014 届高职高专毕业生自主创业最重要的动力（45%），因为找不到合适的工作才创业的比例较小（6%）。加强创业意识的培养才是提升毕业生自主创业率的有效途径。

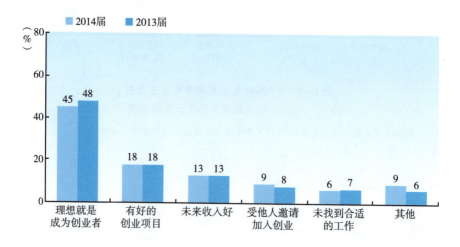

图 1 - 6 - 5 2013 届、2014 届高职高专毕业生
自主创业的动机分布

数据来源：麦可思 - 中国 2013 届、2014 届大学毕业生社会需求与培养质量调查。

三 自主创业资金来源

图 1 - 6 - 6 是 2013 届、2014 届高职高专毕业生自主创业的资金来源。可以看出，2014 届高职高专毕业生自主创业的资金主要依靠父母/亲友投资或借贷和个人积蓄（78%），而来自政府资助（2%）、商业性风险投资（1%）的比例均较小。

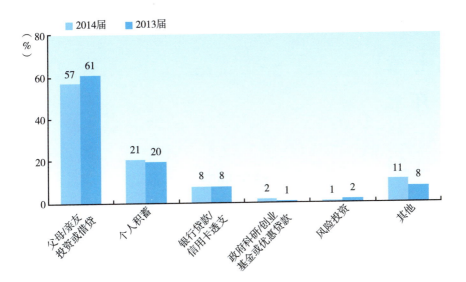

图 1 – 6 – 6   2013 届、2014 届高职高专毕业生自主创业的资金来源

数据来源：麦可思 – 中国 2013 届、2014 届大学毕业生社会需求与培养质量调查。

B.9

第七章

专升本

结论摘要

2014 届高职高专生毕业后有 4.2% 选择了专升本，专升本比例最高的高职高专专业大类是文化教育大类（7.0%）。2014 届高职高专毕业生选择读本科的主要原因是职业发展需要（32%）、就业前景好（26%）和想去更好的大学（22%）。

一　专升本的比例

专升本：指高职高专生毕业后继续就读本科。有专升本、专插本、专接本、专转本多种形式，本报告中统一称为"专升本"。

表 1 - 7 - 1 是 2014 届高职高专主要专业大类专升本的比例。可以看出，2014 届高职高专生毕业后有 4.2% 选择了专升本，专升本比例最高的高职高专专业大类是文化教育大类（7.0%）。

表 1 - 7 - 1　2014 届高职高专主要专业大类专升本的比例*

单位：%

高职高专专业大类名称	2014 届	2013 届
文化教育大类	7.0	6.3
医药卫生大类	5.8	4.3
财经大类	5.1	3.8
旅游大类	4.6	3.5
艺术设计传媒大类	4.6	3.7
公共事业大类	4.2	——
生化与药品大类	4.2	2.3

续表

高职高专专业大类名称	2014 届	2013 届
农林牧渔大类	4.2	—
电子信息大类	4.0	4.2
轻纺食品大类	3.5	2.2
环保、气象与安全大类	3.2	—
土建大类	3.1	3.2
制造大类	3.0	2.7
资源开发与测绘大类	2.9	—
材料与能源大类	2.6	2.3
交通运输大类	2.0	2.6
全国高职高专	**4.2**	**3.8**

＊个别专业大类因为样本较少，没有包括在内。

数据来源：麦可思－中国2014届大学毕业生社会需求与培养质量调查。

二 专升本的原因

图1-7-1是2013届、2014届高职高专毕业生选择读本科的原因分布。可以看出，2014届高职高专毕业生选择读本科的主要原因是职业发展需要（32%）、就业前景好（26%）和想去更好的大学（22%）。

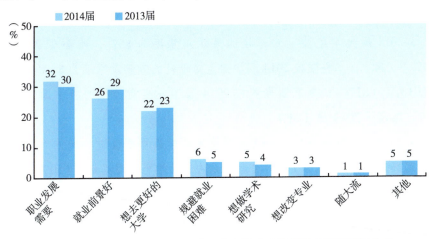

图1-7-1 2013届、2014届高职高专毕业生选择读本科的原因分布

数据来源：麦可思－中国2013届、2014届大学毕业生社会需求与培养质量调查。

第八章
校友评价

结论摘要

一 校友满意度

1. 2014 届大学毕业生对母校的总体满意度为 88%，比 2013 届（86%）高 2 个百分点，比 2012 届（85%）高 3 个百分点。其中，本科院校校友满意度为 89%，比 2013 届（87%）高 2 个百分点，比 2012 届（86%）高 3 个百分点；高职高专院校校友满意度为 87%，比 2013 届（85%）高 2 个百分点，比 2012 届（83%）高 4 个百分点。从近三届的趋势可以看出，大学毕业生对母校的总体满意度呈现上升趋势。

2. 泛长江三角洲区域经济体的 2014 届高职高专毕业生对母校的总体满意度最高（89%）。

3. 2014 届大学毕业生对母校的教学满意度为 85%，略高于 2013 届（83%）。其中，本科院校 2014 届毕业生对母校的教学满意度为 83%，略高于 2013 届（81%）；高职高专院校 2014 届毕业生对母校的教学满意度为 86%，略高于 2013 届（84%）。

4. 2014 届高职高专毕业生认为母校的教学最需要改进的地方为"实习和实践环节不够"（62%），其次为"无法调动学生学习兴趣"（50%）。

5. 2014 届大学毕业生对母校的学生工作满意度为 81%，与 2013 届（80%）基本持平。其中，本科院校 2014 届毕业生对母校的学生工作满意度为 80%，与 2013 届（79%）基本持平；高职高专院校 2014 届毕业生对母校的学生工作满意度为 81%，与 2013 届（80%）基本持平。

6. 2014届高职高专毕业生认为母校的学生工作最需要改进的地方是"与辅导员或班主任接触时间太少"（49%），其次是"学生社团活动组织不够好"（42%）。

7. 2014届大学毕业生对母校的生活服务满意度为81%，与2013届（80%）基本持平。其中，本科院校2014届毕业生对母校的生活服务满意度为82%，与2013届（82%）持平；高职高专院校2014届毕业生对母校的生活服务满意度为80%，略高于2013届（78%）。

8. 2014届高职高专毕业生认为母校的生活服务最需要改进的地方是"食堂饭菜质量及服务不够好"（47%），其次是"学校洗浴服务不够好"（39%）。

二 校友推荐度

2014届大学毕业生对母校的推荐度为63%，比2013届（60%）高3个百分点，比2012届（59%）高4个百分点。其中，本科院校2014届毕业生对母校的推荐度为64%，比2013届、2012届（均为61%）均高3个百分点；高职高专院校为61%，比2013届（58%）高3个百分点，比2012届（57%）高4个百分点。从近三届的趋势可以看出，大学毕业生对母校的推荐度呈现上升趋势。

一 校友满意度

（一）总体校友满意度

校友满意度：由被调查的2014届大学毕业生回答对母校的总体满意度，选项有"很满意"、"满意"、"不满意"、"很不满意"、"无法评估"五项。其中，"满意"、"很满意"属于满意的范围，"不满意"、"很不满意"属于不满意的范围。校友满意度是回答满意范围的人数百分比，计算公式的分子是回答满意范围的人数，分母是回答不满意范围和满意范围的总人数。

图 1 - 8 - 1 是 2012 ~ 2014 届大学生毕业半年后的总体校友满意度变化趋势。可以看出，2014 届大学毕业生对母校的总体满意度为 88%，比 2013 届（86%）高 2 个百分点，比 2012 届（85%）高 3 个百分点。其中，本科院校校友满意度为 89%，比 2013 届（87%）高 2 个百分点，比 2012 届（86%）高 3 个百分点；高职高专院校校友满意度为 87%，比 2013 届（85%）高 2 个百分点，比 2012 届（83%）高 4 个百分点。从近三届的趋势可以看出，大学毕业生对母校的总体满意度呈现上升趋势。

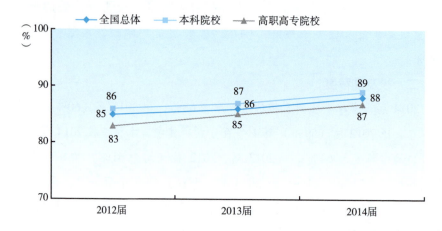

图 1 - 8 - 1 2012 ~ 2014 届大学生毕业半年后的总体校友满意度变化趋势

数据来源：麦可思 - 中国 2012 ~ 2014 届大学毕业生社会需求与培养质量调查。

图 1 - 8 - 2 是各经济区域的 2013 届、2014 届高职高专毕业生对母校的满意度。可以看出，泛长江三角洲区域经济体的 2014 届高职高专毕业生对母校的总体满意度最高（89%）。

（二）教学满意度

教学满意度：由被调查的 2014 届大学毕业生回答对母校的教学满意度，选项有"很满意"、"满意"、"不满意"、"很不满意"、"无法评估"五项。其中，"满意"、"很满意"属于满意的范围，"不满意"、"很不满意"属于不满意的范围。教学满意度是回答满意范围的人数百分比，计算公式的分子

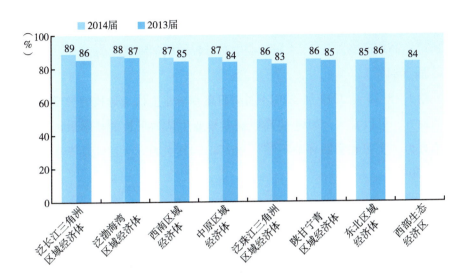

图1-8-2 各经济区域的2013届、2014届高职高专毕业生对母校的满意度*

* 西部生态经济区2013届因为样本较少，没有包括在内。

数据来源：麦可思-中国2013届、2014届大学毕业生社会需求与培养质量调查。

是回答满意范围的人数，分母是回答不满意范围和满意范围的总人数。

图1-8-3是2013届、2014届毕业生的总体教学满意度。可以看出，2014届大学毕业生对母校的教学满意度为85%，略高于2013届（83%）。

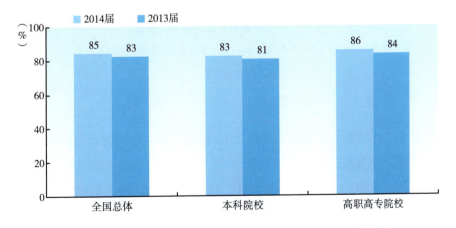

图1-8-3 2013届、2014届毕业生的总体教学满意度

数据来源：麦可思-中国2013届、2014届大学毕业生社会需求与培养质量调查。

其中，本科院校2014届毕业生对母校的教学满意度为83%，略高于2013届（81%）；高职高专院校2014届毕业生对母校的教学满意度为86%，略高于2013届（84%）。

图1-8-4是2013届、2014届高职高专毕业生认为母校的教学需要改进的地方。可以看出，2014届高职高专毕业生认为母校的教学最需要改进的地方为"实习和实践环节不够"（62%），其次为"无法调动学生学习兴趣"（50%）。

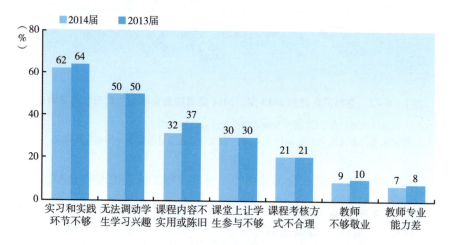

**图1-8-4　2013届、2014届高职高专毕业生认为母校的
教学需要改进的地方（多选）**

数据来源：麦可思-中国2013届、2014届大学毕业生社会需求与培养质量调查。

（三）学生工作满意度

学生工作满意度：由被调查的2014届大学毕业生回答对母校的学生工作满意度，选项有"很满意"、"满意"、"不满意"、"很不满意"、"无法评估"五项。其中，"满意"、"很满意"属于满意的范围，"不满意"、"很不满意"属于不满意的范围。学生工作满意度是回答满意范围的人数百分比，计算公式的分子是回答满意范围的人数，分母是回答不满意范围和满意范围的总人数。

图 1-8-5 是 2013 届、2014 届毕业生的总体学生工作满意度。可以看出，2014 届大学毕业生对母校的学生工作满意度为 81%，与 2013 届（80%）基本持平。其中，本科院校 2014 届毕业生对母校的学生工作满意度为 80%，与 2013 届（79%）基本持平；高职高专院校 2014 届毕业生对母校的学生工作满意度为 81%，与 2013 届（80%）基本持平。

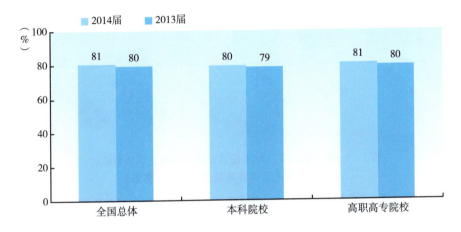

图 1-8-5　2013 届、2014 届毕业生的总体学生工作满意度

数据来源：麦可思-中国 2013 届、2014 届大学毕业生社会需求与培养质量调查。

图 1-8-6 是 2013 届、2014 届高职高专毕业生认为母校的学生工作需要改进的地方。可以看出，2014 届高职高专毕业生认为母校的学生工作最需要改进的地方是"与辅导员或班主任接触时间太少"（49%），其次是"学生社团活动组织不够好"（42%）。

（四）生活服务满意度

生活服务满意度：由被调查的 2014 届大学毕业生回答对母校的生活服务满意度，选项有"很满意"、"满意"、"不满意"、"很不满意"、"无法评估"五项。其中，"满意"、"很满意"属于满意的范围，"不满意"、"很不满意"属于不满意的范围。生活服务满意度是回答满意范围的人数百分比，计算公式的分子是回答满意范围的人数，分母是回答不满意范围和满意范围的总人数。

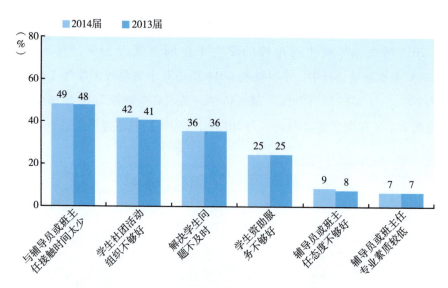

图1-8-6　2013届、2014届高职高专毕业生认为母校的
学生工作需要改进的地方（多选）

数据来源：麦可思-中国2013届、2014届大学毕业生社会需求与培养质量调查。

图1-8-7是2013届、2014届毕业生的总体生活服务满意度。可以看出，2014届大学毕业生对母校的生活服务满意度为81%，与2013届（80%）基本持平。其中，本科院校2014届毕业生对母校的生活服务满意

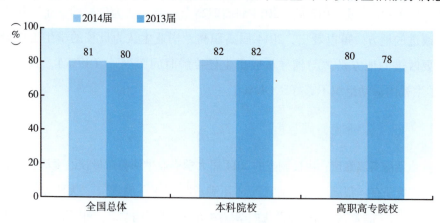

图1-8-7　2013届、2014届毕业生的总体生活服务满意度

数据来源：麦可思-中国2013届、2014届大学毕业生社会需求与培养质量调查。

度为82%，与2013届（82%）持平；高职高专院校2014届毕业生对母校的生活服务满意度为80%，略高于2013届（78%）。

图1-8-8是2013届、2014届高职高专毕业生认为母校的生活服务需要改进的地方。可以看出，2014届高职高专毕业生认为母校的生活服务最需要改进的地方是"食堂饭菜质量及服务不够好"（47%），其次是"学校洗浴服务不够好"（39%）。

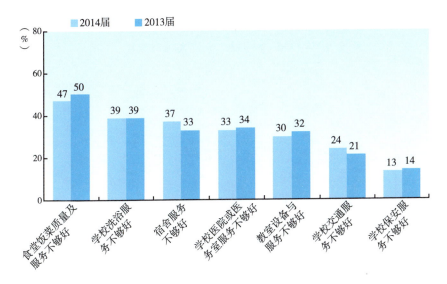

图1-8-8 2013届、2014届高职高专毕业生认为母校的
生活服务需要改进的地方（多选）

数据来源：麦可思-中国2013届、2014届大学毕业生社会需求与培养质量调查。

二 校友推荐度

校友推荐度：在同等分数、同类型学校条件下，2014届大学毕业生愿意推荐母校给亲朋好友去就读的比例。推荐度计算公式的分子是回答"愿意推荐"的人数，分母是回答"愿意推荐"、"不愿意推荐"、"不确定"的总人数。

图 1 - 8 - 9 是 2012 ~ 2014 届大学生毕业半年后对母校的推荐度变化趋势。2014 届大学毕业生对母校的推荐度为 63%，比 2013 届（60%）高 3 个百分点，比 2012 届（59%）高 4 个百分点。其中，本科院校 2014 届毕业生对母校的推荐度为 64%，比 2013 届、2012 届（均为 61%）均高 3 个百分点；高职高专院校为 61%，比 2013 届（58%）高 3 个百分点，比 2012 届（57%）高 4 个百分点。从近三届的趋势可以看出，大学毕业生对母校的推荐度呈现上升趋势。

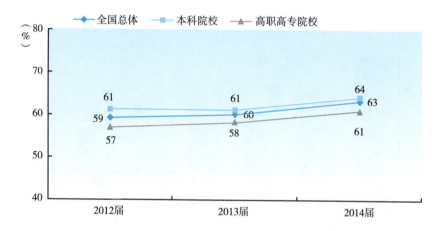

图 1 - 8 - 9   2012 ~ 2014 届大学生毕业半年后对母校的推荐度变化趋势

数据来源：麦可思 - 中国 2012 ~ 2014 届大学毕业生社会需求与培养质量调查。

第九章
社团活动及素养

结论摘要

一 社团活动

2014 届高职高专毕业生在校期间参与度最高的社团活动为"公益类"（26%），其次为"体育户外类"（20%）。有 28% 的高职高专毕业生没有参加任何社团活动。在对参加的各类社团活动进行评价时，2014 届高职高专毕业生满意度最高的活动为"公益类"（86%）。

二 素养

1. 2014 届高职高专工程类专业毕业生认为在校期间大学对自己素养提升较高的方面为"人生的乐观态度"（62%）、"团队合作"（61%）、"积极努力、追求上进"（60%）；此外，还有 5% 的高职高专工程类专业毕业生认为大学对素养的提升没有任何帮助。

2. 2014 届高职高专艺术类专业毕业生认为在校期间大学对自己素养提升较高的方面为"艺术修养"（62%）、"人生的乐观态度"（60%）、"积极努力、追求上进"（57%）；此外，还有 5% 的高职高专艺术类专业毕业生认为大学对素养的提升没有任何帮助。

3. 2014 届高职高专医学类专业毕业生认为在校期间大学对自己素养提升较高的方面为"健康卫生"（64%）、"积极努力、追求上进"（60%）、"职业道德"（59%）、"人生的乐观态度"（58%）；此外，还有 2% 的高职高专医学类专业毕业生认为大学对素养的提升没有任何帮助。

4. 2014 届高职高专其他类专业毕业生认为在校期间大学对自己素养提

升较高的方面为"人生的乐观态度"（64%）、"积极努力、追求上进"（63%）；此外，还有4%的高职高专其他类专业毕业生认为大学对素养的提升没有任何帮助。

一 社团活动

社团活动：指被调查的毕业生在大学期间参加过的社团活动。社团活动包括："学术科技类"（如统计协会、哲学社、英语角等）、"社会实践类"（如创业协会等）、"公益类"（如志愿者协会等）、"社交联谊类"、"文化艺术类"（如文学社、书画协会等）、"表演艺术类"（如演讲与口才、歌舞戏剧、声乐器乐协会等）、"体育户外类"，一个毕业生可以选择参加多类社团活动，也可以选择"没参加任何社团活动"。

社团活动满意度：毕业生选择了参加某类社团活动后，会被要求评价对该类社团活动是否满意。社团活动满意度=参加过该类社团活动并表示满意的人数/参加过该类社团活动的人数。

图1-9-1是2014届高职高专毕业生参加社团活动的比例及满意度。

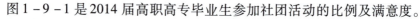
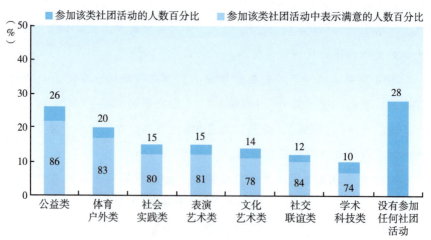

图1-9-1 2014届高职高专毕业生参加社团活动的比例及满意度（多选）

数据来源：麦可思-中国2014届大学毕业生社会需求与培养质量调查。

可以看出，2014届高职高专毕业生在校期间参与度最高的社团活动为"公益类"（26%），其次为"体育户外类"（20%）。有28%的高职高专毕业生没有参加任何社团活动。在对参加的各类社团活动进行评价时，2014届高职高专毕业生满意度最高的活动为"公益类"（86%）。

二 素养

素养提升： 由被调查的毕业生选择大学对哪些方面素养的提升有帮助。毕业生可选择多项，也可选择大学对素养提升"没有任何帮助"。

图1-9-2是2014届高职高专工程类专业毕业生大学期间的素养提升。可以看出，2014届高职高专工程类专业毕业生认为在校期间大学对自己素养提升较高的方面为"人生的乐观态度"（62%）、"团队合作"（61%）、"积极努力、追求上进"（60%）；此外，还有5%的高职高专工程类专业毕业生认为大学对素养的提升没有任何帮助。

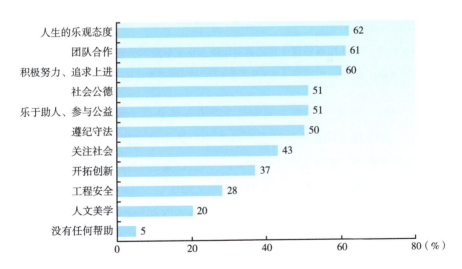

**图1-9-2 2014届高职高专工程类专业毕业生
大学期间的素养提升（多选）**

数据来源：麦可思-中国2014届大学毕业生社会需求与培养质量调查。

　　图 1-9-3 是 2014 届高职高专艺术类专业毕业生大学期间的素养提升。可以看出，2014 届高职高专艺术类专业毕业生认为在校期间大学对自己素养提升较高的方面为"艺术修养"（62%）、"人生的乐观态度"（60%）、"积极努力、追求上进"（57%）；此外，还有 5% 的高职高专艺术类专业毕业生认为大学对素养的提升没有任何帮助。

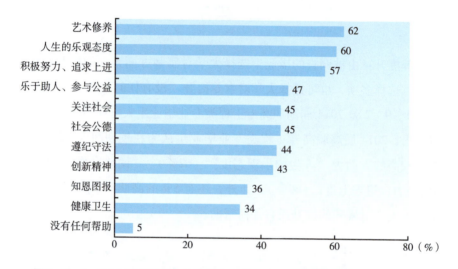

图 1-9-3　2014 届高职高专艺术类专业毕业生大学期间的素养提升（多选）

数据来源：麦可思-中国 2014 届大学毕业生社会需求与培养质量调查。

　　图 1-9-4 是 2014 届高职高专医学类专业毕业生大学期间的素养提升。可以看出，2014 届高职高专医学类专业毕业生认为在校期间大学对自己素养提升较高的方面为"健康卫生"（64%）、"积极努力、追求上进"（60%）、"职业道德"（59%）、"人生的乐观态度"（58%）；此外，还有 2% 的高职高专医学类专业毕业生认为大学对素养的提升没有任何帮助。

　　图 1-9-5 是 2014 届高职高专其他类专业毕业生大学期间的素养提升。可以看出，2014 届高职高专其他类专业毕业生认为在校期间大学对自己素养提升较高的方面为"人生的乐观态度"（64%）、"积极努力、追求上进"（63%）；此外，还有 4% 的高职高专其他类专业毕业生认为大学对素养的提升没有任何帮助。

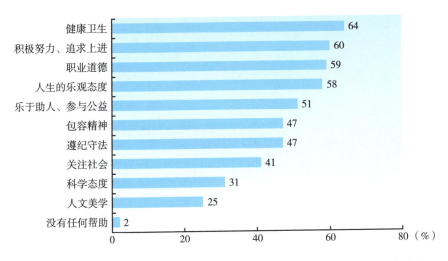

图 1 - 9 - 4　2014 届高职高专医学类专业毕业生大学期间的素养提升（多选）

数据来源：麦可思 - 中国 2014 届大学毕业生社会需求与培养质量调查。

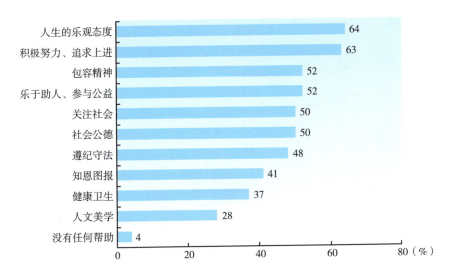

图 1 - 9 - 5　2014 届高职高专其他类专业毕业生大学期间的素养提升（多选）[*]

[*] 此处其他类专业是指高职高专除工程类、艺术类、医学类之外的专业。
数据来源：麦可思 - 中国 2014 届大学毕业生社会需求与培养质量调查。

分报告二　高职高专毕业生中期职业发展报告

B.12

第一章

三年后毕业去向

结论摘要

一　总体分布

2011 届大学生毕业三年后有 87.8% 受雇全职工作（本科为 90.3%，高职高专为 85.4%），5.5% 的人自主创业（本科为 3.3%，高职高专为 7.7%），2.3% 的人正在读研（本科为 3.7%，高职高专为 0.8%），2.2% 的人"无工作，继续寻找工作"（本科为 1.4%，高职高专为 3.0%），还有 2.1% 的人无工作，且既没有求职也没有求学（本科为 1.3%，高职高专为 2.9%），有 0.2% 的高职高专毕业生正在读本科。

二 职业分布

1. 有41%的2011届大学生毕业三年内转换了职业（本科为33%，高职高专为49%），与2010届三年内该指标（41%）持平。

2. 在2011届高职高专主要专业大类中，旅游大类的高职高专毕业生毕业三年内职业转换率最高（63%），其次是农林牧渔大类（58%）；资源开发与测绘大类的职业转换率最低（30%）。

3. 在2011届高职高专生毕业三年内转换过的职业类中，被转入最多的职业是"销售"（14.4%），其次是"建筑工程"（8.5%）。

三 行业分布

1. 有48%的2011届大学生在毕业三年内转换了行业（本科为41%，高职高专为55%），与2010届三年内该指标（48%）持平。

2. 在2011届高职高专主要专业大类中，艺术设计传媒大类的毕业生毕业三年内的行业转换率最高（65%），其次是旅游大类（62%）；医药卫生大类的行业转换率最低（33%）。

3. 2011届高职高专生毕业三年内转换行业中被转入最多的行业类是"建筑业"（10.6%），其次为"零售商业"（8.6%）。

一 总体分布

毕业三年后： 麦可思于2014年对2011届大学毕业生进行了三年后调查跟踪（曾于2012年初对这批大学毕业生进行半年后调查），本报告涉及的三年内的变化分析即使用两次对同一批大学生的跟踪调查数据。

图2-1-1是2011届大学生毕业三年后的去向分布。可以看出，2011届大学生毕业三年后有87.8%受雇全职工作（本科为90.3%，高职高专为85.4%），5.5%的人自主创业（本科为3.3%，高职高专为7.7%），2.3%的人正在读研（本科为3.7%，高职高专为0.8%），2.2%的人"无工作，继续寻找工作"（本科为1.4%，高职高专为3.0%），还有2.1%的人无工

作，且既没有求职也没有求学（本科为1.3%，高职高专为2.9%），有0.2%的高职高专毕业生正在读本科。

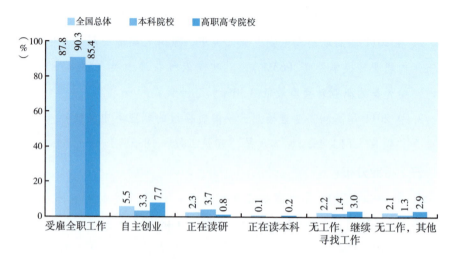

图2-1-1　2011届大学生毕业三年后的去向分布

数据来源：麦可思-中国2011届大学毕业生三年后职业发展调查。

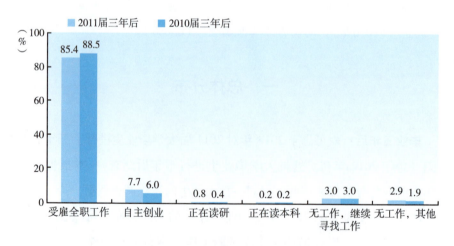

图2-1-2　2011届高职高专生毕业三年后的去向分布
（与2010届三年后对比）

数据来源：麦可思-中国2010届、2011届大学毕业生三年后职业发展调查。

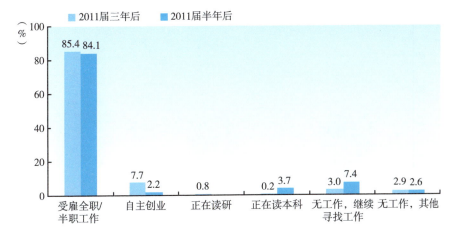

图 2-1-3 2011 届高职高专生毕业三年后的去向分布（与 2011 届半年后对比）

数据来源：麦可思－中国 2011 届大学毕业生三年后职业发展调查，2011 届大学生毕业半年后社会需求与培养质量调查。

二 职业分布

职业转换：职业转换是指毕业生在毕业半年后从事某种职业，毕业三年后由原职业转换到不同的职业。通常在工作单位内部完成职业转换的并不代表离职；反过来讲，更换雇主可能也不代表转换职业。

职业转换率：职业转换率是指有多大比例的毕业生在毕业三年内转换了职业。其计算方法为：分母是毕业半年后有工作的毕业生数，分子是毕业三年后从事的职业与毕业半年后从事的职业不同的毕业生数。

图 2-1-4 是 2011 届大学生毕业三年内的职业转换率（与 2010 届三年内对比）。可以看出，有 41% 的 2011 届大学生毕业三年内转换了职业（本科为 33%，高职高专为 49%），与 2010 届三年内该指标（41%）持平。

表 2-1-1 是 2011 届高职高专主要专业大类毕业生毕业三年内的职业转换率。可以看出，在 2011 届高职高专主要专业大类中，旅游大类的高职高专毕业生毕业三年内职业转换率最高（63%），其次是农林牧渔大类（58%）；资源开发与测绘大类的职业转换率最低（30%）。

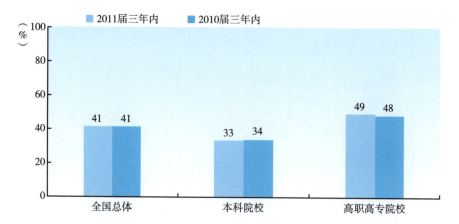

图 2 - 1 - 4　2011 届大学生毕业三年内的职业转换率（与 2010 届三年内对比）

数据来源：麦可思 - 中国 2010 届、2011 届大学毕业生三年后职业发展调查，2010 届、2011 届大学毕业生半年后社会需求与培养质量调查。

表 2 - 1 - 1　2011 届高职高专主要专业大类毕业生毕业三年内的职业转换率

（与 2010 届三年内对比）*

单位：%

高职高专专业大类名称	2011 届三年内职业转换率	2010 届三年内职业转换率
旅游大类	63	62
农林牧渔大类	58	58
艺术设计传媒大类	54	52
电子信息大类	54	51
制造大类	53	52
文化教育大类	49	48
土建大类	47	46
财经大类	47	45
轻纺食品大类	46	44
生化与药品大类	45	44
交通运输大类	35	36
材料与能源大类	34	30
医药卫生大类	33	30
资源开发与测绘大类	30	29
全国高职高专	**49**	**48**

*个别专业大类因为样本较少，没有包括在内。

数据来源：麦可思 - 中国 2010 届、2011 届大学毕业生三年后职业发展调查，2010 届、2011 届大学毕业生半年后社会需求与培养质量调查。

图2-1-5和图2-1-6分别是2011届高职高专生毕业三年内职业转换率最高和最低的前五位专业类。可以看出，2011届高职高专生毕业三年内职业转换率最高的专业类是食品类（64%），最低的是铁道运输类（26%）。

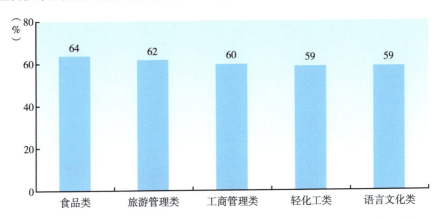

图2-1-5　2011届高职高专生毕业三年内职业转换率最高的前五位专业类*

＊毕业生规模过小的专业类不包括在此排序中。

数据来源：麦可思-中国2011届大学毕业生三年后职业发展调查，2011届大学毕业生半年后社会需求与培养质量调查。

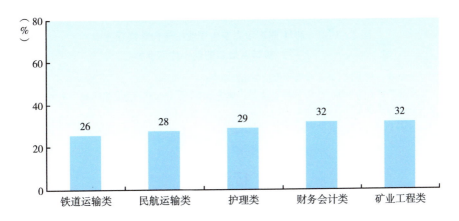

图2-1-6　2011届高职高专生毕业三年内职业转换率最低的前五位专业类*

＊毕业生规模过小的专业类不包括在此排序中。

数据来源：麦可思-中国2011届大学毕业生三年后职业发展调查，2011届大学毕业生半年后社会需求与培养质量调查。

图2-1-7是2011届高职高专生毕业三年内转换职业中被转入最多的前十位职业类。可以看出，在2011届高职高专生毕业三年内转换过的职业类中，被转入最多的职业是"销售"（14.4%），其次是"建筑工程"（8.5%）。

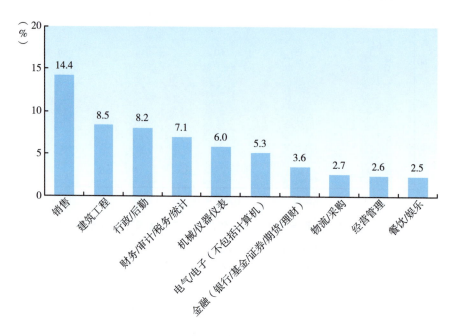

图2-1-7　2011届高职高专生毕业三年内转换职业中
被转入最多的前十位职业类*

*毕业生规模过小的职业类不包括在此排序中。

数据来源：麦可思-中国2011届大学毕业生三年后职业发展调查，2011届大学毕业生半年后社会需求与培养质量调查。

三　行业分布

行业转换率： 行业转换是指毕业生在毕业半年后就业于某行业（小类），而毕业三年后进入不同的行业就业。行业转换率是指有多大比例的毕业生在毕业三年内转换了行业。其计算方法为：分母是毕业半年后有工作的毕业生数，分子是毕业三年后所在行业与毕业半年后所在行业不同的毕业生数。

图2－1－8是2011届大学生毕业三年内的行业转换率（与2010届三年内对比）。可以看出，有48％的2011届大学生在毕业三年内转换了行业（本科为41％，高职高专为55％），与2010届三年内该指标（48％）持平。

图2－1－8　2011届大学生毕业三年内的行业转换率（与2010届三年内对比）

数据来源：麦可思－中国2010届、2011届大学毕业生三年后职业发展调查，2010届、2011届大学毕业生半年后社会需求与培养质量调查。

表2－1－2是2011届高职高专主要专业大类毕业生毕业三年内的行业转换率。可以看出，在2011届高职高专主要专业大类中，艺术设计传媒大类的毕业生毕业三年内的行业转换率最高（65％），其次是旅游大类（62％）；医药卫生大类的行业转换率最低（33％）。

表2－1－2　2011届高职高专主要专业大类毕业生毕业三年内的行业转换率（与2010届三年内对比）[*]

单位：%

高职高专专业大类名称	2011届三年内行业转换率	2010届三年内行业转换率
艺术设计传媒大类	65	63
旅游大类	62	58
财经大类	59	59
电子信息大类	59	59
制造大类	55	54
文化教育大类	53	50

续表

高职高专专业大类名称	2011 届三年内行业转换率	2010 届三年内行业转换率
农林牧渔大类	52	55
轻纺食品大类	52	48
土建大类	52	47
生化与药品大类	50	50
资源开发与测绘大类	40	44
交通运输大类	39	33
材料与能源大类	34	29
医药卫生大类	33	28
全国高职高专	**55**	**54**

＊个别专业大类因为样本较少，没有包括在内。

数据来源：麦可思 - 中国 2010 届、2011 届大学毕业生三年后职业发展调查，2010 届、2011 届大学毕业生半年后社会需求与培养质量调查。

图 2 - 1 - 9 和图 2 - 1 - 10 分别是 2011 届高职高专生毕业三年内行业转换率最高和最低的前五位行业类。可以看出，2011 届高职高专生毕业三年内行业转换率最高的行业类是"媒体、信息及通信产业"和"行政、商业和环境保护辅助业"（均为 72%），最低的是"水电煤气公用事业"（26%）。

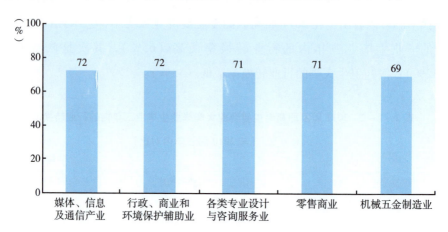

图 2 - 1 - 9 2011 届高职高专生毕业三年内行业转换率最高的前五位行业类＊

＊毕业生规模过小的行业类不包括在此排序中。

数据来源：麦可思 - 中国 2011 届大学毕业生三年后职业发展调查，2011 届大学毕业生半年后社会需求与培养质量调查。

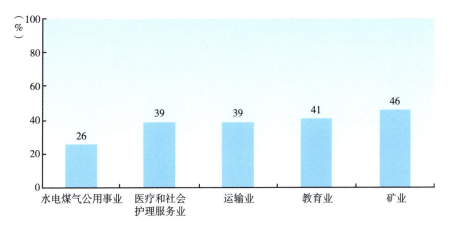

图 2 – 1 – 10　2011 届高职高专生毕业三年内行业转换率最低的前五位行业类*

* 毕业生规模过小的行业类不包括在此排序中。

数据来源：麦可思 – 中国 2011 届大学毕业生三年后职业发展调查，2011 届大学毕业生半年后社会需求与培养质量调查。

图 2 – 1 – 11 是 2011 届高职高专生毕业三年内转换行业中被转入最多的前五位行业类。可以看出，2011 届高职高专生毕业三年内转换行业中被转入最多的行业类是"建筑业"（10.6%），其次为"零售商业"（8.6%）。

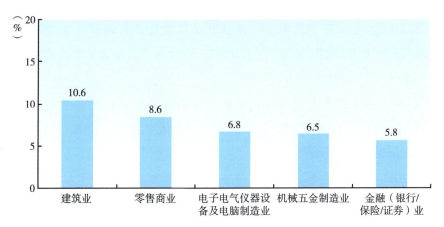

图 2 – 1 – 11　2011 届高职高专生毕业三年内转换行业中
被转入最多的前五位行业类*

* 毕业生规模过小的行业类不包括在此排序中。

数据来源：麦可思 – 中国 2011 届大学毕业生三年后职业发展调查，2011 届大学毕业生半年后社会需求与培养质量调查

B. 13

第二章

三年后就业质量

结论摘要

一 就业满意度

1. 2011届大学生毕业三年后的就业满意度为50%，即在就业的毕业生中，有50%对自己的就业现状表示满意（本科为52%，高职高专为47%），比2010届该指标（43%）增长了7个百分点。

2. 2011届高职高专生毕业三年后就业满意度最高的专业大类是文化教育大类（53%），就业满意度最低的专业大类是资源开发与测绘大类、制造大类（均为43%）。

3. 2011届高职高专生毕业三年后就业满意度最高的职业类是"金融（银行/基金/证券/期货/理财）"（59%），就业满意度最低的职业类是"机械/仪器仪表"（37%）。

4. 2011届高职高专生毕业三年后就业满意度最高的行业类是"金融（银行/保险/证券）业"（59%）；就业满意度最低的行业类是"机械五金制造业"（39%）。

5. 2011届高职高专生毕业三年后就业满意度最高的用人单位类型是"政府机构/科研或其他事业单位"（57%）；就业满意度最低的用人单位类型是"民营企业/个体"（44%）。

二 薪资分析

1. 2011届大学生毕业三年后平均月收入为5484元（本科为6155元，高职高专为4812元）。2011届毕业生毕业半年后的月收入为2766元（本科为3051元，高职高专为2482元），三年来月收入增长2718元，涨幅比例为98%。其中，本科增长3104元，涨幅比例为102%；高职高专增长2330元，涨幅比例为94%。

2. 2011届高职高专生毕业三年后有5.9%的人月收入在10000元及以上，有16.0%的人月收入在3000元以下。

3. 2011届本科生毕业三年后学历提升为硕士的比例为13.5%，高职高专生毕业三年后学历提升为本科的比例为30.7%。

4. 2011届大学毕业生在毕业三年后学历提升的人群月收入为5394元，略低于学历一直未提升的人群月收入（5518元）。其中，本科毕业三年后学历为硕士的人群月收入为6088元，学历仍然为本科的人群月收入为6180元。高职高专毕业三年后学历为本科的人群月收入为4699元，学历仍然为高职高专的人群月收入为4855元。学历提升人群可能因毕业时间短还不能收到学历提升带来的更大的教育回报。

5. 2011届高职高专专业大类中三年后月收入最高的是交通运输大类，为5469元，高于该专业大类半年后月收入（2625元）2844元；三年后月收入最低的是文化教育大类，为4067元，高于该专业大类半年后月收入（2287元）1780元。

6. 2011届高职高专生毕业三年后从事"经营管理"职业类的三年后月收入最高，为6241元，高于毕业半年后从事该职业类的高职高专毕业生月收入（2846元）3395元，涨幅比例为119%。毕业三年后月收入最低的是从事"中小学教育"职业类的高职高专毕业生，为3444元，高于毕业半年后从事该职业类的高职高专毕业生月收入（1947元）1497元。

7. 2011届高职高专生毕业三年后在"金融（银行/保险/证券）业"就业的毕业生月收入最高，为5743元，高于毕业半年后在该行业类就业的毕业生月收入（2746元）2997元；毕业三年后月收入最低的是就业于"政府及公共管理"的高职高专毕业生，为3571元，高于毕业半年后在该行业类就业的毕业生月收入（2387元）1184元。

8. 2011届高职高专生毕业三年后在"中外合资/外资/独资"单位就业

的三年后月收入最高（5231 元）；而在"民营企业/个体"就业的三年后月收入涨幅比例最大，为 106%。

9. 2011 届高职高专生毕业三年后在 3000 人以上规模的大型用人单位就业的三年后月收入最高（5394 元）。

10. 2011 届高职高专生毕业三年后在泛长江三角洲区域经济体就业的月收入最高（5433 元），比毕业半年后增长 2735 元，涨幅比例为 101%；在东北区域经济体就业的高职高专生毕业三年后月收入最低，为 4151 元，比毕业半年后增长 2044 元，涨幅比例为 97%。

三 职位晋升

1. 2011 届大学生毕业三年内有 57% 的人获得职位晋升。其中本科毕业生这一比例为 54%，低于高职高专毕业生的晋升比例（60%）。

2. 2011 届高职高专旅游大类毕业生毕业三年内获得职位晋升的比例最高（68%），医药卫生大类最低（43%）。

3. 2011 届从事"经营管理"职业类的高职高专毕业生毕业三年内获得职位晋升的比例最高（87%），从事"医疗保健/紧急救助"职业类的毕业生获得职位晋升的比例最低（32%）。

4. 在"住宿和饮食业"、"艺术、娱乐和休闲业"就业的 2011 届高职高专毕业生毕业三年内获得职位晋升的比例最高（均为 73%），在"医疗和社会护理服务业"就业的毕业生获得职位晋升的比例最低（38%）。

5. 2011 届大学生毕业三年内平均获得职位晋升 0.9 次，其中本科毕业生为 0.8 次，略低于高职高专毕业生（1.0 次）。

6. 2011 届高职高专生毕业三年内，有 31% 获得过 1 次晋升，有 10% 获得过 3 次及以上的晋升。

7. 2011 届高职高专"轻纺食品大类"和"旅游大类"毕业生毕业三年内获得职位晋升的次数最多（均为 1.2 次），"医药卫生大类"和"环保、气象与安全大类"高职高专生毕业三年内获得职位晋升的次数最少（均为 0.6 次）。

8. 2011 届从事"经营管理"职业类的高职高专毕业生毕业三年内获得职位晋升的次数最多（1.9 次），从事"公安/检察/法院/经济执法"职业类的毕业生职位晋升次数最少（0.4次）。

9. 在"艺术、娱乐和休闲业"就业的2011届高职高专毕业生获得职位晋升的次数最多（1.6次），在"政府及公共管理"就业的毕业生获得职位晋升的次数最少（0.6次）。

10. 2011届高职高专毕业生职位晋升的类型主要是薪资的增加（73%）、工作职责的增加（71%）。

11. 2011届高职高专毕业生认为对职位晋升有帮助的大学活动主要是假期实习/课外兼职（33%）、扩大社会人脉关系（33%）、课外自学的知识和技能（含培训）（32%）。

四 工作与专业相关度

1. 2011届大学生毕业三年后工作与专业相关度为61%，比2011届毕业半年后（64%）低3个百分点，比2010届毕业三年后（62%）低1个百分点。其中，本科生毕业三年后工作与专业相关度为65%，比毕业半年后（67%）低2个百分点；高职高专生毕业三年后工作与专业相关度为56%，比毕业半年后（60%）低4个百分点。

2. 在高职高专主要专业大类中，毕业三年后工作与专业相关度最高的是医药卫生大类（84%），最低的是旅游大类（36%）；其中艺术设计传媒大类工作与专业相关度三年内下降最多，下降了13个百分点，其次是电子信息大类，下降了11个百分点。

五 雇主数

1. 2011届大学毕业生毕业三年内平均为2.3个雇主工作过，其中本科毕业生的平均雇主数为2.0个，低于高职高专毕业生的平均雇主数（2.5个）。

2. 2011届高职高专的艺术设计类毕业生毕业三年内平均雇主数最多（2.8个），高职高专民航运输类毕业生平均雇主数最少（1.9个）。

3. 2011届高职高专毕业生更换雇主较频繁，仅有22%的高职高专生毕业三年内一直为1个雇主工作，而雇主数为4个及以上的高职高专毕业生占比达到了18%。

4. 在 2011 届高职高专毕业生中，毕业三年内一直为 1 个雇主工作的毕业生月收入最高（5191 元）。其工作过的雇主数越多，月收入反而越低。

一　就业满意度

（一）总体就业满意度

三年后就业满意度：在被调查的毕业生中，由就业人群对自己目前的就业现状进行主观判断，选项有"很满意"、"满意"、"不满意"、"很不满意"、"无法评估"五项。其中选择"满意"或"很满意"的人属于对就业现状满意，选择"不满意"或"很不满意"的人属于对就业现状不满意，就业人群包括"受雇全职工作"、"自主创业"人群。

图 2 - 2 - 1 是 2011 届大学生毕业三年后的就业满意度。可以看出，2011 届大学生毕业三年后的就业满意度为 50%，即在就业的毕业生中，有 50% 对自己的就业现状表示满意（本科为 52%，高职高专为 47%），比 2010 届该指标（43%）增长了 7 个百分点。

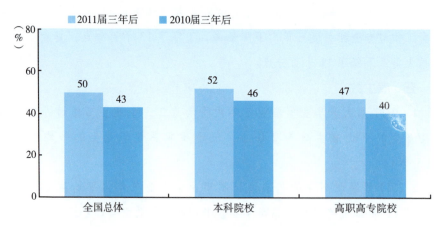

图 2 - 2 - 1　**2011 届大学生毕业三年后的就业满意度**
（与 2010 届三年后对比）

数据来源：麦可思 - 中国 2010 届、2011 届大学毕业生三年后职业发展调查。

（二）主要专业的就业满意度

表2-2-1是2011届高职高专主要专业大类毕业生毕业三年后的就业满意度。可以看出，2011届高职高专生毕业三年后就业满意度最高的专业大类是文化教育大类（53%），就业满意度最低的专业大类是资源开发与测绘大类、制造大类（均为43%）。

表2-2-1　2011届高职高专主要专业大类毕业生毕业三年后的就业满意度*

单位：%

高职高专专业大类名称	就业满意度	高职高专专业大类名称	就业满意度
文化教育大类	53	生化与药品大类	46
医药卫生大类	51	农林牧渔大类	45
公共事业大类	51	电子信息大类	45
财经大类	50	土建大类	45
艺术设计传媒大类	50	材料与能源大类	45
旅游大类	50	法律大类	45
轻纺食品大类	49	环保、气象与安全大类	44
水利大类	49	制造大类	43
交通运输大类	48	资源开发与测绘大类	43
全国高职高专	**47**	**全国高职高专**	**47**

*个别专业大类因为样本较少，没有包括在内。
数据来源：麦可思-中国2011届大学毕业生三年后职业发展调查。

表2-2-2　2011届高职高专主要专业类毕业生毕业三年后的就业满意度*

单位：%

高职高专专业类名称	就业满意度	高职高专专业类名称	就业满意度
教育类	55	汽车类	48
旅游管理类	55	法律实务类	48
药学类	54	建筑设备类	48
纺织服装类	54	机电设备类	48
包装印刷类	54	电力技术类	47
护理类	54	环保类	47
畜牧兽医类	54	林业技术类	47
语言文化类	53	资源勘查类	47

续表

高职高专专业类名称	就业满意度	高职高专专业类名称	就业满意度
铁道运输类	53	制药技术类	47
经济贸易类	52	港口运输类	46
医学技术类	52	计算机类	46
农业技术类	52	化工技术类	45
财政金融类	52	公路运输类	45
公共管理类	51	生物技术类	44
市场营销类	51	电子信息类	44
民航运输类	51	通信类	43
建筑设计类	50	测绘类	43
广播影视类	49	工程管理类	43
财务会计类	49	自动化类	43
房地产类	49	水上运输类	42
能源类	49	机械设计制造类	42
工商管理类	49	土建施工类	41
食品类	49	临床医学类	40
艺术设计类	48	材料类	39
水利工程与管理类	48	矿业工程类	36
全国高职高专	**47**	**全国高职高专**	**47**

＊个别专业类因为样本较少，没有包括在内。

数据来源：麦可思－中国2011届大学毕业生三年后职业发展调查。

（三）主要职业的就业满意度

图2－2－2和图2－2－3分别是2011届高职高专生毕业三年后就业满意度最高和最低的前五位职业类。可以看出，2011届高职高专生毕业三年后就业满意度最高的职业类是"金融（银行/基金/证券/期货/理财）"（59%），就业满意度最低的职业类是"机械/仪器仪表"（37%）。

（四）主要行业的就业满意度

图2－2－4和图2－2－5分别是2011届高职高专生毕业三年后就业满

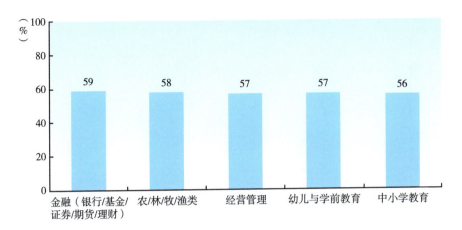

图2-2-2　2011届高职高专生毕业三年后就业满意度最高的前五位职业类 *

＊毕业生规模过小的职业类不包括在此排序中。

数据来源：麦可思－中国2011届大学毕业生三年后职业发展调查。

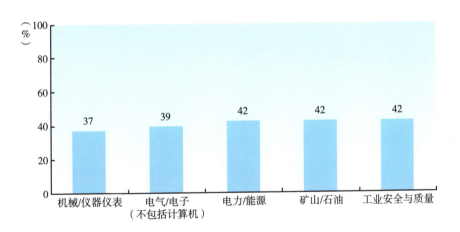

图2-2-3　2011届高职高专生毕业三年后就业满意度最低的前五位职业类 *

＊毕业生规模过小的职业类不包括在此排序中。

数据来源：麦可思－中国2011届大学毕业生三年后职业发展调查。

意度最高和最低的前五位行业类。可以看出，2011届高职高专生毕业三年后就业满意度最高的行业类是"金融（银行/保险/证券）业"（59%）；就业满意度最低的行业类是"机械五金制造业"（39%）。

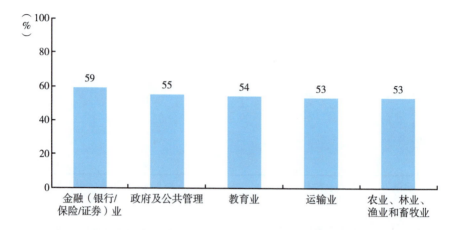

图 2-2-4 2011 届高职高专生毕业三年后就业满意度最高的前五位行业类*

* 毕业生规模过小的行业类不包括在此排序中。

数据来源：麦可思－中国 2011 届大学毕业生三年后职业发展调查。

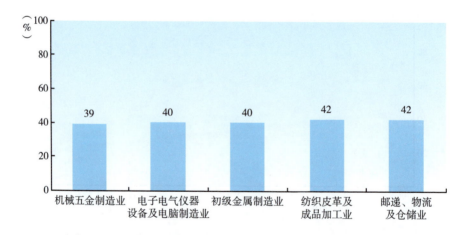

图 2-2-5 2011 届高职高专生毕业三年后就业满意度最低的前五位行业类*

* 毕业生规模过小的行业类不包括在此排序中。

数据来源：麦可思－中国 2011 届大学毕业生三年后职业发展调查。

（五）各类型用人单位的就业满意度

图 2-2-6 是 2011 届高职高专生毕业三年后在各用人单位类型的就业

满意度。可以看出，2011 届高职高专生毕业三年后就业满意度最高的用人
单位类型是"政府机构/科研或其他事业单位"（57%）；就业满意度最低的
用人单位类型是"民营企业/个体"（44%）。

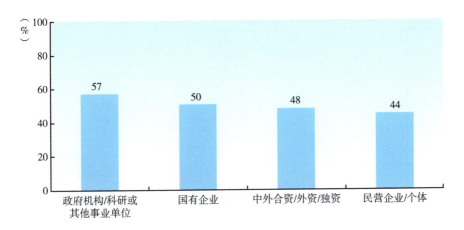

图 2 - 2 - 6　2011 届高职高专生毕业三年后在各用人单位类型的就业满意度*

* 非政府或非营利组织（NGO 等）用人单位因为样本较少，没有包括在内。
数据来源：麦可思 - 中国 2011 届大学毕业生三年后职业发展调查。

二　薪资分析

（一）总体月收入

月收入涨幅绝对值：月收入涨幅绝对值 = 毕业三年后的月收入 - 毕业半
年后的月收入。

月收入涨幅比例：月收入涨幅比例 = 月收入涨幅绝对值/毕业半年后的
月收入。

图 2 - 2 - 7 是 2011 届大学生毕业三年后的月收入。可以看出，2011 届
大学生毕业三年后平均月收入为 5484 元（本科为 6155 元，高职高专为
4812 元）。2011 届毕业生毕业半年后的月收入为 2766 元（本科为 3051 元，

高职高专为 2482 元），三年来月收入增长 2718 元，涨幅比例为 98%。其中，本科增长 3104 元，涨幅比例为 102%；高职高专增长 2330 元，涨幅比例为 94%。

图 2 - 2 - 7 2011 届大学生毕业三年后的月收入

数据来源：麦可思 - 中国 2011 届大学毕业生三年后职业发展调查，2011 届大学毕业生半年后社会需求与培养质量调查。

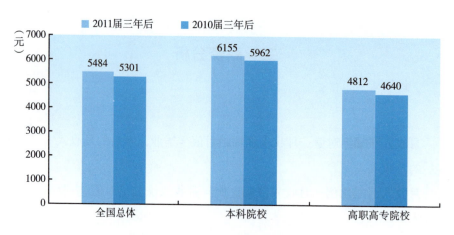

图 2 - 2 - 8 2011 届大学生毕业三年后的月收入
（与 2010 届三年后对比）

数据来源：麦可思 - 中国 2010 届、2011 届大学毕业生三年后职业发展调查。

图 2 – 2 – 9 是 2011 届高职高专生毕业三年后的月收入分布。可以看出，2011 届高职高专生毕业三年后有 5.9% 的人月收入在 10000 元及以上，有 16.0% 的人月收入在 3000 元以下。

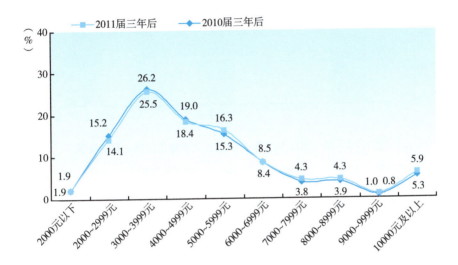

图 2 – 2 – 9　2011 届高职高专生毕业三年后的月收入分布
（与 2010 届三年后对比）*

＊图中显示数字均保留一位小数，因为四舍五入进位，加起来可能不等于 100%。
数据来源：麦可思 – 中国 2010 届、2011 届大学毕业生三年后职业发展调查。

　　图 2 – 2 – 10 是 2011 届大学生毕业三年后学历提升人群的比例。可以看出，2011 届本科生毕业三年后学历提升为硕士的比例为 13.5%，高职高专生毕业三年后学历提升为本科的比例为 30.7%。

　　图 2 – 2 – 11 是 2011 届大学生毕业三年后学历提升人群和学历未提升人群的月收入对比。可以看出，2011 届大学毕业生在毕业三年后学历提升的人群月收入为 5394 元，略低于学历一直未提升的人群月收入（5518 元）。其中，本科毕业三年后学历为硕士的人群月收入为 6088 元，学历仍然为本科的人群月收入为 6180 元。高职高专毕业三年后学历为本科的人群月收入为 4699 元，学历仍然为高职高专的人群月收入为 4855 元。学历提升人群可能因毕业时间短还不能收到学历提升带来的更大的教育回报。

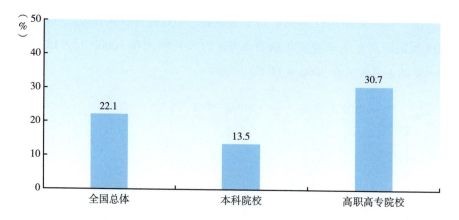

图 2 - 2 - 10　2011 届大学生毕业三年后学历提升人群的比例

数据来源：麦可思 - 中国 2011 届大学毕业生三年后职业发展调查，2011 届大学毕业生半年后社会需求与培养质量调查。

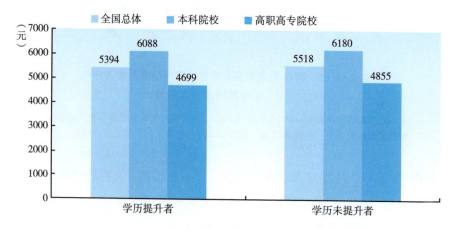

图 2 - 2 - 11　2011 届大学生毕业三年后学历提升人群和学历未提升人群的月收入对比

数据来源：麦可思 - 中国 2011 届大学毕业生三年后职业发展调查，2011 届大学毕业生半年后社会需求与培养质量调查。

（二）主要专业的月收入与涨幅

　　表 2 - 2 - 3 是 2011 届高职高专主要专业大类毕业生毕业三年后的月收入与涨幅绝对值。可以看出，2011 届高职高专专业大类中三年后月收入最

高的是交通运输大类，为 5469 元，高于该专业大类半年后月收入（2625
元）2844 元；三年后月收入最低的是文化教育大类，为 4067 元，高于该专
业大类半年后月收入（2287 元）1780 元。

表 2 – 2 – 3 2011 届高职高专主要专业大类毕业生毕业三年后的
月收入与涨幅绝对值 *

单位：元

高职高专 专业大类名称	毕业三年后 的平均月收入	毕业半年后 的平均月收入	月收入 涨幅绝对值
交通运输大类	5469	2625	2844
土建大类	5329	2622	2707
材料与能源大类	5269	2763	2506
轻纺食品大类	5247	2378	2869
电子信息大类	5243	2588	2655
艺术设计传媒大类	5201	2429	2772
资源开发与测绘大类	5011	—	—
制造大类	4965	2625	2340
农林牧渔大类	4916	2027	2889
财经大类	4722	2368	2354
生化与药品大类	4695	2610	2085
旅游大类	4322	2454	1868
医药卫生大类	4101	2357	1744
文化教育大类	4067	2287	1780
全国高职高专	**4812**	**2482**	**2330**

＊个别专业大类因为样本较少，没有包括在内。
数据来源：麦可思 – 中国 2011 届大学毕业生三年后职业发展调查，2011 届大学毕业生半年后
社会需求与培养质量调查。

表 2 – 2 – 4 2011 届高职高专主要专业类毕业生毕业三年后的
月收入与涨幅绝对值 *

单位：元

高职高专 专业类名称	毕业三年后 的平均月收入	毕业半年后 的平均月收入	月收入 涨幅绝对值
水上运输类	6807	2987	3820
建筑设计类	5744	2431	3313
土建施工类	5585	2833	2752
纺织服装类	5470	2509	2961

续表

高职高专 专业类名称	毕业三年后 的平均月收入	毕业半年后 的平均月收入	月收入 涨幅绝对值
公路运输类	5430	2832	2598
计算机类	5371	2651	2720
经济贸易类	5366	2511	2855
工程管理类	5363	2569	2794
艺术设计类	5361	2706	2655
材料类	5334	2634	2700
市场营销类	5315	2635	2680
畜牧兽医类	5202	2326	2876
汽车类	5197	2811	2386
建筑设备类	5166	2601	2565
电子信息类	5156	2714	2442
电力技术类	5147	2801	2346
测绘类	5090	3097	1993
机械设计制造类	5080	2724	2356
林业技术类	5080	2258	2822
通信类	5059	2610	2449
财政金融类	5026	2685	2341
房地产类	5007	2556	2451
自动化类	4968	2758	2210
港口运输类	4944	2732	2212
制药技术类	4844	2425	2419
旅游管理类	4742	2512	2230
生物技术类	4740	2487	2253
工商管理类	4732	2574	2158
环保类	4676	2446	2230
化工技术类	4670	2799	1871
机电设备类	4655	3041	1614
广播影视类	4643	2440	2203
法律实务类	4633	2407	2226
食品类	4621	2278	2343
语言文化类	4456	2477	1979
护理类	4396	2183	2213
财务会计类	4054	2223	1831
教育类	3802	2378	1424
全国高职高专	**4812**	**2482**	**2330**

　　*个别专业类因为样本较少，没有包括在内。

　　数据来源：麦可思－中国2011届大学毕业生三年后职业发展调查，2011届大学毕业生半年后社会需求与培养质量调查。

（三）主要职业的月收入与涨幅

表2-2-5是2011届高职高专生毕业三年后从事的主要职业类的月收入及涨幅绝对值。可以看出，2011届高职高专生毕业三年后从事"经营管理"职业类的三年后月收入最高，为6241元，高于毕业半年后从事该职业类的高职高专毕业生月收入（2846元）3395元，涨幅比例为119%。毕业三年后月收入最低的是从事"中小学教育"职业类的高职高专毕业生，为3444元，高于毕业半年后从事该职业类的高职高专毕业生月收入（1947元）1497元。

表2-2-5　2011届高职高专生毕业三年后从事的主要

职业类的月收入及涨幅绝对值*

单位：元

高职高专职业类名称	毕业三年后的平均月收入	毕业半年后的平均月收入	月收入涨幅绝对值
经营管理	6241	2846	3395
房地产经营	5866	2269	3597
销售	5856	2516	3340
计算机与数据处理	5834	2862	2972
互联网开发及应用	5796	2851	2945
金融（银行/基金/证券/期货/理财）	5751	2702	3049
美术/设计/创意	5509	2384	3125
餐饮/娱乐	5379	2406	2973
矿山/石油	5342	—	—
建筑工程	5315	2680	2635
交通运输/邮电	5313	2724	2589
酒店/旅游/会展	5163	2362	2801
保险	5039	2680	2359
服装/纺织/皮革	5016	—	—
电力/能源	4965	2767	2198
电气/电子（不包括计算机）	4885	2612	2273
机动车机械/电子	4877	2575	2302
物流/采购	4872	2542	2330
生产/运营	4799	2393	2406
机械/仪器仪表	4741	2569	2172
媒体/出版	4691	2485	2206
高等教育/职业培训	4550	2331	2219
农/林/牧/渔类	4516	—	—
工业安全与质量	4456		

续表

高职高专职业类名称	毕业三年后的平均月收入	毕业半年后的平均月收入	月收入涨幅绝对值
人力资源	4353	2438	1915
医疗保健/紧急救助	4256	2119	2137
生物/化工	4252	2534	1718
财务/审计/税务/统计	4051	2220	1831
公安/检察/法院/经济执法	4029	—	—
行政/后勤	3568	2107	1461
中小学教育	3444	1947	1497
全国高职高专	**4812**	**2482**	**2330**

＊个别职业类因为样本较少，没有包括在内。

数据来源：麦可思－中国 2011 届大学毕业生三年后职业发展调查，2011 届大学毕业生半年后社会需求与培养质量调查。

（四）主要行业的月收入与涨幅

表 2－2－6 是 2011 届高职高专生毕业三年后在各主要行业类的月收入及涨幅绝对值。可以看出，2011 届高职高专生毕业三年后在"金融（银行/保险/证券）业"就业的毕业生月收入最高，为 5743 元，高于毕业半年后在该行业类就业的毕业生月收入（2746 元）2997 元；毕业三年后月收入最低的是就业于"政府及公共管理"的高职高专毕业生，为 3571 元，高于毕业半年后在该行业类就业的毕业生月收入（2387 元）1184 元。

表 2－2－6　2011 届高职高专生毕业三年后在各主要行业类的月收入及涨幅绝对值＊

单位：元

高职高专行业类名称	毕业三年后的平均月收入	毕业半年后的平均月收入	月收入涨幅绝对值
金融(银行/保险/证券)业	5743	2746	2997
艺术、娱乐和休闲业	5657	2478	3179
媒体、信息及通信产业	5508	2637	2871
运输业	5412	2613	2799
批发商业	5318	—	—
矿业	5261	—	—

续表

高职高专行业类名称	毕业三年后的平均月收入	毕业半年后的平均月收入	月收入涨幅绝对值
建筑业	5231	2606	2625
各类专业设计与咨询服务业	5212	2455	2757
房地产开发销售租赁及其他租赁业	5208	2304	2904
交通工具制造业	5112	2480	2632
零售商业	5019	—	—
家具、医疗设备及其他制成品业	4996	2724	2272
电子电气仪器设备及电脑制造业	4991	2657	2334
水电煤气公用事业	4976	2494	2482
纺织皮革及成品加工业	4945	2396	2549
农业、林业、渔业和畜牧业	4844	—	—
邮递、物流及仓储业	4834	2603	2231
食品、烟草、加工业	4741	2519	2222
机械五金制造业	4729	2421	2308
化学品、化工、塑胶业	4721	2594	2127
其他服务业（除行政服务）	4675	2227	2448
住宿和饮食业	4562	2174	2388
医疗和社会护理服务业	4369	2220	2149
初级金属制造业	4334	—	—
教育业	3959	2121	1838
行政、商业和环境保护辅助业	3912	2253	1659
政府及公共管理	3571	2387	1184
全国高职高专	**4812**	**2482**	**2330**

　　*个别行业类因为样本较少，没有包括在内。

　　数据来源：麦可思－中国2011届大学毕业生三年后职业发展调查，2011届大学毕业生半年后社会需求与培养质量调查。

（五）各用人单位的月收入与涨幅

　　图2－2－12是2011届高职高专生毕业三年后在各类型用人单位的月收入及涨幅。可以看出，2011届高职高专生毕业三年后在"中外合资/外资/独资"单位就业的三年后月收入最高（5231元）；而在"民营企业/个体"就业的三年后月收入涨幅比例最大，为106%。

图 2 – 2 – 12　2011 届高职高专生毕业三年后在各类型用人单位的月收入*

*非政府或非营利组织（NGO 等）用人单位因为样本较少，没有包括在内。

数据来源：麦可思 – 中国 2011 届大学毕业生三年后职业发展调查，2011 届大学毕业生半年后社会需求与培养质量调查。

图 2 – 2 – 13 是 2011 届高职高专生毕业三年后在各规模用人单位的月收入及涨幅。可以看出，2011 届高职高专生毕业三年后在 3000 人以上规模的大型用人单位就业的三年后月收入最高（5394 元）。

图 2 – 2 – 13　2011 届高职高专生毕业三年后在各规模用人单位的月收入

数据来源：麦可思 – 中国 2011 届大学毕业生三年后职业发展调查，2011 届大学毕业生半年后社会需求与培养质量调查。

（六）经济区域的月收入与涨幅

图 2-2-14 是 2011 届高职高专生毕业三年后在各类经济区域就业的月收入及涨幅。可以看出，2011 届高职高专生毕业三年后在泛长江三角洲区域经济体就业的月收入最高（5433 元），比毕业半年后增长 2735 元，涨幅比例为 101%；在东北区域经济体就业的高职高专生毕业三年后月收入最低，为 4151 元，比毕业半年后增长 2044 元，涨幅比例为 97%。

图 2-2-14 2011 届高职高专生毕业三年后在各类经济区域就业的月收入*

*西部生态经济区因为样本较少，没有包括在内。

数据来源：麦可思-中国 2011 届大学毕业生三年后职业发展调查，2011 届大学毕业生半年后社会需求与培养质量调查。

三 职位晋升

（一）职位晋升比例

职位晋升：由已经工作的毕业生回答是否获得职位晋升以及获得晋升的次

数。职位晋升是指享有比前一个职位更多的职权并承担更多的责任，由毕业生主观判断。这既包括不换雇主的内部提升，也包括通过更换雇主实现的晋升。

图 2 - 2 - 15 是 2011 届大学生毕业三年内平均获得职位晋升的比例。可以看出，2011 届大学生毕业三年内有 57% 的人获得职位晋升。其中本科毕业生这一比例为 54%，低于高职高专毕业生的晋升比例（60%）。

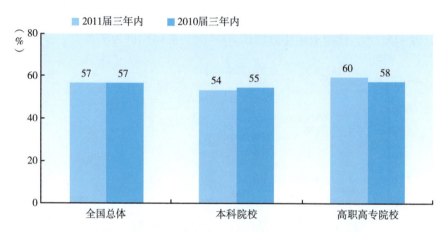

图 2 - 2 - 15　2011 届大学生毕业三年内平均获得职位
晋升的比例（与 2010 届三年内对比）

数据来源：麦可思 - 中国 2010 届、2011 届大学毕业生三年后职业发展调查。

表 2 - 2 - 7 是 2011 届高职高专主要专业大类毕业生毕业三年内平均获得职位晋升的比例。可以看出，2011 届高职高专旅游大类毕业生毕业三年内获得职位晋升的比例最高（68%），医药卫生大类最低（43%）。

表 2 - 2 - 7　2011 届高职高专主要专业大类毕业生毕业三年内
平均获得职位晋升的比例*

单位：%

高职高专专业大类名称	获得职位晋升的比例	高职高专专业大类名称	获得职位晋升的比例
旅游大类	68	交通运输大类	59
轻纺食品大类	64	资源开发与测绘大类	59
财经大类	62	艺术设计传媒大类	58
农林牧渔大类	62	生化与药品大类	57
公共事业大类	62	文化教育大类	56

续表

高职高专专业大类名称	获得职位晋升的比例	高职高专专业大类名称	获得职位晋升的比例
制造大类	60	材料与能源大类	55
电子信息大类	60	环保、气象与安全大类	53
土建大类	60	医药卫生大类	43
全国高职高专	**60**	**全国高职高专**	**60**

*个别专业大类因为样本较少，没有包括在内。

数据来源：麦可思－中国2011届大学毕业生三年后职业发展调查。

表2－2－8是2011届高职高专主要职业类毕业生毕业三年内平均获得职位晋升的比例。可以看出，2011届从事"经营管理"职业类的高职高专毕业生毕业三年内获得职位晋升的比例最高（87%），从事"医疗保健/紧急救助"职业类的毕业生获得职位晋升的比例最低（32%）。

表2－2－8 2011届高职高专主要职业类毕业生毕业三年内

平均获得职位晋升的比例*

单位：%

高职高专职业类名称	获得职位晋升的比例	高职高专职业类名称	获得职位晋升的比例
经营管理	87	工业安全与质量	61
房地产经营	74	服装/纺织/皮革	60
餐饮/娱乐	73	测绘	60
酒店/旅游/会展	70	建筑工程	59
销售	68	计算机与数据处理	58
互联网开发及应用	68	生物/化工	57
机动车机械/电子	67	电力/能源	57
人力资源	67	财务/审计/税务/统计	56
金融(银行/基金/证券/期货/理财)	66	交通运输/邮电	55
电气/电子(不包括计算机)	65	媒体/出版	55
美术/设计/创意	65	机械/仪器仪表	54
生产/运营	65	行政/后勤	52
高等教育/职业培训	65	矿山/石油	47
物流/采购	64	中小学教育	42
保险	62	公安/检察/法院/经济执法	38
农/林/牧/渔类	61	医疗保健/紧急救助	32
全国高职高专	**60**	**全国高职高专**	**60**

*个别职业类因为样本较少，没有包括在内。

数据来源：麦可思－中国2011届大学毕业生三年后职业发展调查。

表2-2-9是2011届高职高专主要行业类毕业生毕业三年内平均获得职位晋升的比例。可以看出，在"住宿和饮食业"、"艺术、娱乐和休闲业"就业的2011届高职高专毕业生毕业三年内获得职位晋升的比例最高（均为73%），在"医疗和社会护理服务业"就业的毕业生获得职位晋升的比例最低（38%）。

表2-2-9 2011届高职高专主要行业类毕业生毕业三年内
平均获得职位晋升的比例*

单位：%

高职高专 行业类名称	获得职位 晋升的比例	高职高专 行业类名称	获得职位 晋升的比例
住宿和饮食业	73	化学品、化工、塑胶业	60
艺术、娱乐和休闲业	73	交通工具制造业	60
食品、烟草、加工业	72	水电煤气公用事业	60
零售商业	69	建筑业	59
电子电气仪器设备及电脑制造业	68	邮递、物流及仓储业	59
金融（银行/保险/证券）业	67	纺织皮革及成品加工业	57
房地产开发销售租赁及其他租赁业	67	运输业	57
批发商业	67	初级金属制造业	56
木品和纸品业	67	机械五金制造业	55
农业、林业、渔业和畜牧业	66	教育业	54
其他服务业（除行政服务）	64	行政、商业和环境保护辅助业	52
家具、医疗设备及其他制成品业	64	矿业	51
媒体、信息及通信产业	61	政府及公共管理	40
各类专业设计与咨询服务业	61	医疗和社会护理服务业	38
全国高职高专	**60**	**全国高职高专**	**60**

* 个别行业类因为样本较少，没有包括在内。

数据来源：麦可思-中国2011届大学毕业生三年后职业发展调查。

（二）职位晋升次数

职位晋升次数：由毕业生自己回答获得职位晋升的次数，计算公式的分子是所有大学毕业生获得职位晋升次数之和，没有获得职位晋升的人记为0次，分母是三年内就业和就业过的大学毕业生数。

图2-2-16是2011届大学生毕业三年内平均获得职位晋升的次数。可以看出，2011届大学生毕业三年内平均获得职位晋升0.9次，其中本科毕业生为0.8次，略低于高职高专毕业生（1.0次）。

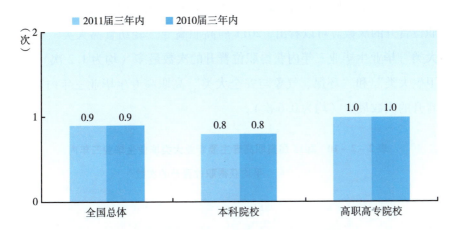

图 2 – 2 – 16　2011 届大学生毕业三年内平均获得职位晋升的次数
（与 2010 届三年内对比）

数据来源：麦可思 – 中国 2010 届、2011 届大学毕业生三年后职业发展调查。

图 2 – 2 – 17 是 2011 届高职高专生毕业三年内平均获得职位晋升的频度。可以看出，2011 届高职高专生毕业三年内，有 31% 获得过 1 次晋升，有 10% 获得过 3 次及以上的晋升。

图 2 – 2 –17　2011 届高职高专生毕业三年内平均获得职位晋升的频度
（与 2010 届三年内对比）

数据来源：麦可思 – 中国 2010 届、2011 届大学毕业生三年后职业发展调查。

表2-2-10是2011届高职高专主要专业大类毕业生毕业三年内平均获得职位晋升的次数。可以看出，2011届高职高专"轻纺食品大类"和"旅游大类"毕业生毕业三年内获得职位晋升的次数最多（均为1.2次），"医药卫生大类"和"环保、气象与安全大类"高职高专生毕业三年内获得职位晋升的次数最少（均为0.6次）。

表2-2-10　2011届高职高专主要专业大类毕业生毕业三年内平均获得职位晋升的次数*

单位：次

高职高专 专业大类名称	获得职位 晋升的次数	高职高专 专业大类名称	获得职位 晋升的次数
轻纺食品大类	1.2	文化教育大类	1.0
旅游大类	1.2	生化与药品大类	1.0
财经大类	1.1	材料与能源大类	1.0
电子信息大类	1.1	公共事业大类	1.0
艺术设计传媒大类	1.1	交通运输大类	0.9
农林牧渔大类	1.1	资源开发与测绘大类	0.9
制造大类	1.0	医药卫生大类	0.6
土建大类	1.0	环保、气象与安全大类	0.6
全国高职高专	**1.0**	**全国高职高专**	**1.0**

*个别专业大类因为样本较少，没有包括在内。
数据来源：麦可思-中国2011届大学毕业生三年后职业发展调查。

表2-2-11是2011届高职高专主要职业类毕业生毕业三年内平均获得职位晋升的次数。可以看出，2011届从事"经营管理"职业类的高职高专毕业生毕业三年内获得职位晋升的次数最多（1.9次），从事"公安/检察/法院/经济执法"职业类的毕业生职位晋升次数最少（0.4次）。

表2-2-11　2011届高职高专主要职业类毕业生毕业三年内平均获得职位晋升的次数*

单位：次

高职高专 职业类名称	获得职位 晋升的次数	高职高专 职业类名称	获得职位 晋升的次数
经营管理	1.9	建筑工程	1.0
房地产经营	1.5	计算机与数据处理	1.0

续表

高职高专 职业类名称	获得职位 晋升的次数	高职高专 职业类名称	获得职位 晋升的次数
餐饮/娱乐	1.4	保险	1.0
互联网开发及应用	1.4	工业安全与质量	1.0
酒店/旅游/会展	1.4	媒体/出版	1.0
销售	1.3	机械/仪器仪表	0.9
美术/设计/创意	1.2	生物/化工	0.9
金融(银行/基金/证券/期货/理财)	1.2	电力/能源	0.9
农/林/牧/渔类	1.2	测绘	0.9
电气/电子(不包括计算机)	1.1	财务/审计/税务/统计	0.8
物流/采购	1.1	行政/后勤	0.8
机动车机械/电子	1.1	交通运输/邮电	0.8
生产/运营	1.1	矿山/石油	0.8
人力资源	1.1	中小学教育	0.7
服装/纺织/皮革	1.1	医疗保健/紧急救助	0.5
高等教育/职业培训	1.1	公安/检察/法院/经济执法	0.4
全国高职高专	**1.0**	**全国高职高专**	**1.0**

* 个别职业类因为样本较少，没有包括在内。

数据来源：麦可思－中国2011届大学毕业生三年后职业发展调查。

表2－2－12是2011届高职高专主要行业类毕业生毕业三年内平均获得职位晋升的次数。可以看出，在"艺术、娱乐和休闲业"就业的2011届高职高专毕业生获得职位晋升的次数最多（1.6次），在"政府及公共管理"就业的毕业生获得职位晋升的次数最少（0.6次）。

表2－2－12　2011届高职高专主要行业类毕业生毕业三年内

平均获得职位晋升的次数*

单位：次

高职高专 行业类名称	获得职位 晋升的次数	高职高专 行业类名称	获得职位 晋升的次数
艺术、娱乐和休闲业	1.6	建筑业	1.0
住宿和饮食业	1.4	化学品、化工、塑胶业	1.0
零售商业	1.3	教育业	1.0
食品、烟草、加工业	1.3	纺织皮革及成品加工业	1.0
房地产开发销售租赁及其他租赁业	1.3	邮递、物流及仓储业	1.0
金融(银行/保险/证券)业	1.2	水电煤气公用事业	1.0

续表

高职高专 行业类名称	获得职位 晋升的次数	高职高专 行业类名称	获得职位 晋升的次数
农业、林业、渔业和畜牧业	1.2	机械五金制造业	0.9
电子电气仪器设备及电脑制造业	1.1	交通工具制造业	0.9
媒体、信息及通信产业	1.1	运输业	0.9
其他服务业（除行政服务）	1.1	矿业	0.9
各类专业设计与咨询服务业	1.1	行政、商业和环境保护辅助业	0.8
家具、医疗设备及其他制成品业	1.1	初级金属制造业	0.8
批发商业	1.1	医疗和社会护理服务业	0.7
木品和纸品业	1.1	政府及公共管理	0.6
全国高职高专	**1.0**	**全国高职高专**	**1.0**

＊个别行业类因为样本较少，没有包括在内。

数据来源：麦可思－中国2011届大学毕业生三年后职业发展调查。

（三）职位晋升的类型

图2－2－18是2011届高职高专生毕业三年后职位晋升的类型。可以看出，2011届高职高专毕业生职位晋升的类型主要是薪资的增加（73%）、工作职责的增加（71%）。

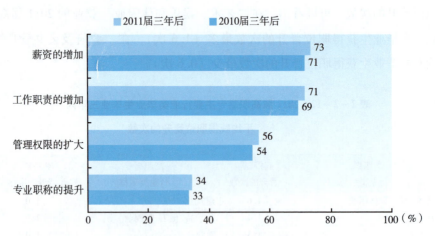

图2－2－18　2011届高职高专生毕业三年后职位晋升的类型（多选）
（与2010届三年后对比）

数据来源：麦可思－中国2010届、2011届大学毕业生三年后职业发展调查。

（四）对职位晋升有帮助的大学活动

图 2 - 2 - 19 是 2011 届高职高专毕业生认为对职位晋升有帮助的大学活动。可以看出，2011 届高职高专毕业生认为对职位晋升有帮助的大学活动主要是假期实习/课外兼职（33%）、扩大社会人脉关系（33%）、课外自学的知识和技能（含培训）（32%）。

图 2 - 2 - 19　2011 届高职高专生毕业三年后认为对职位晋升有帮助的大学活动（多选）（与 2010 届三年后对比）

数据来源：麦可思 - 中国 2010 届、2011 届大学毕业生三年后职业发展调查。

四　工作与专业相关度

图 2 - 2 - 20 和图 2 - 2 - 21 分别是 2011 届大学生毕业三年后的工作与专业相关度。可以看出，2011 届大学生毕业三年后工作与专业相关度为 61%，比 2011 届毕业半年后（64%）低 3 个百分点，比 2010 届毕业三年后（62%）低 1 个百分点。其中，本科生毕业三年后工作与专业相关度为 65%，比毕业半年后（67%）低 2 个百分点；高职高专生毕业三年后工作与专业相关度为 56%，比毕业半年后（60%）低 4 个百分点。

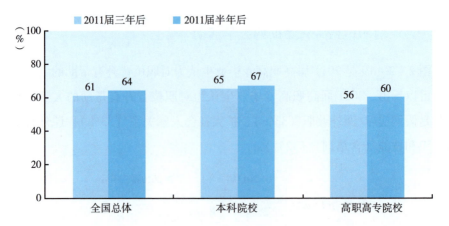

图 2－2－20　2011 届大学生毕业三年后的工作与专业相关度

数据来源：麦可思－中国 2011 届大学毕业生三年后职业发展调查，2011 届大学毕业生半年后社会需求与培养质量调查。

图 2－2－21　2011 届大学生毕业三年后的工作与专业相关度
（与 2010 届三年后对比）

数据来源：麦可思－中国 2010 届、2011 届大学毕业生三年后职业发展调查。

　　表 2－2－13 是 2011 届高职高专主要专业大类毕业生毕业三年内的工作与专业相关度变化。可以看出，在高职高专主要专业大类中，毕业三年后工作与专业相关度最高的是医药卫生大类（84％），最低的是旅游大类

（36%）；其中艺术设计传媒大类工作与专业相关度三年内下降最多，下降了13个百分点，其次是电子信息大类，下降了11个百分点。

表2-2-13　2011届高职高专主要专业大类毕业生毕业三年内的工作与专业相关度变化（与2010届三年后对比）*

单位：%

高职高专专业大类名称	2011届毕业三年后的专业相关度	2011届毕业半年后的专业相关度	2010届毕业三年后的专业相关度
医药卫生大类	84	81	79
土建大类	76	85	78
材料与能源大类	74	78	77
资源开发与测绘大类	74	—	—
交通运输大类	65	67	71
财经大类	56	60	54
农林牧渔大类	55	64	49
生化与药品大类	54	52	53
制造大类	52	57	55
文化教育大类	52	55	49
艺术设计传媒大类	47	60	51
轻纺食品大类	45	53	46
电子信息大类	44	55	46
旅游大类	36	46	37
全国高职高专	**56**	**60**	**57**

＊个别专业大类因为样本较少，没有包括在内。

数据来源：麦可思-中国2010届、2011届大学毕业生三年后职业发展调查，2011届大学毕业生半年后社会需求与培养质量调查。

五　雇主数

（一）平均雇主数

雇主数：指毕业生从第一份工作到三年后的调查时点，一共为多少个雇主工作过。雇主数越多，则工作转换得越频繁；雇主数可以显示毕业生工作稳定的程度。

图2-2-22是2011届大学生毕业三年内的平均雇主数。可以看出，

2011届大学毕业生毕业三年内平均为2.3个雇主工作过,其中本科毕业生的平均雇主数为2.0个,低于高职高专毕业生的平均雇主数(2.5个)。

图2-2-22 2011届大学生毕业三年内的平均雇主数(与2010届三年内对比)

数据来源:麦可思-中国2010届、2011届大学毕业生三年后职业发展调查。

2011届高职高专的艺术设计类毕业生毕业三年内平均雇主数最多(2.8个),高职高专民航运输类毕业生平均雇主数最少(1.9个)。

表2-2-14 2011届高职高专主要专业类毕业生毕业三年内的平均雇主数*

单位:个

高职高专 专业类名称	毕业三年内 平均雇主数	高职高专 专业类名称	毕业三年内 平均雇主数
艺术设计类	2.8	自动化类	2.4
建筑设计类	2.7	财务会计类	2.4
财政金融类	2.7	工程管理类	2.4
房地产类	2.7	教育类	2.4
广播影视类	2.7	公路运输类	2.4
林业技术类	2.7	建筑设备类	2.4
计算机类	2.6	制药技术类	2.4
工商管理类	2.6	港口运输类	2.4
语言文化类	2.6	材料类	2.4
市场营销类	2.6	临床医学类	2.4
电子信息类	2.6	测绘类	2.4
旅游管理类	2.6	畜牧兽医类	2.3

续表

高职高专 专业类名称	毕业三年内 平均雇主数	高职高专 专业类名称	毕业三年内 平均雇主数
土建施工类	2.6	农业技术类	2.3
经济贸易类	2.6	通信类	2.3
纺织服装类	2.6	医学技术类	2.3
机电设备类	2.6	化工技术类	2.2
包装印刷类	2.6	水上运输类	2.2
机械设计制造类	2.5	能源类	2.2
汽车类	2.5	电力技术类	2.1
食品类	2.5	护理类	2.0
生物技术类	2.5	民航运输类	1.9
全国高职高专	**2.5**	**全国高职高专**	**2.5**

＊个别专业类因为样本较少，没有包括在内。

数据来源：麦可思－中国2011届大学毕业生三年后职业发展调查。

（二）雇主数频度与月收入

图2－2－23是2011届高职高专生毕业三年内工作过的雇主数频度。可以看出，2011届高职高专毕业生更换雇主较频繁，仅有22%的高职高专生毕业三年内一直为1个雇主工作，而雇主数为4个及以上的高职高专毕业生占比达到了18%。

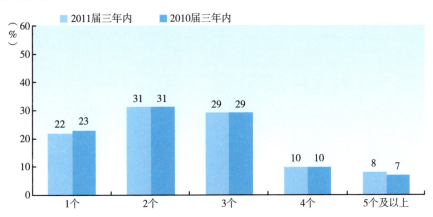

图2－2－23　2011届高职高专生毕业三年内工作过的雇主数频度
（与2010届三年内对比）

数据来源：麦可思－中国2010届、2011届大学毕业生三年后职业发展调查。

图 2 - 2 - 24 是 2011 届高职高专生毕业三年内工作过不同雇主数的人群月收入对比。可以看出，在 2011 届高职高专毕业生中，毕业三年内一直为 1 个雇主工作的毕业生月收入最高（5191 元）。其工作过的雇主数越多，月收入反而越低。

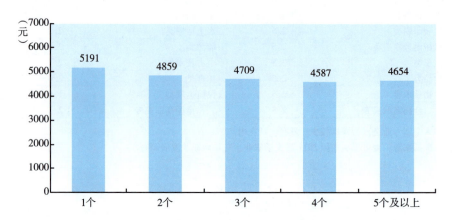

图 2 - 2 - 24　2011 届高职高专生毕业三年内工作过不同雇主数的人群月收入对比

数据来源：麦可思 - 中国 2011 届大学毕业生三年后职业发展调查。

第三章
三年后基本工作能力

结论摘要

2011届高职高专生毕业三年后认为重要的工作能力包括有效的口头沟通、积极学习、学习方法、理解他人、协调安排、时间管理、谈判技能等。

一　基本工作能力

2011届高职高专生毕业三年后认为重要的工作能力包括有效的口头沟通、积极学习、学习方法、理解他人、协调安排、时间管理、谈判技能等。

表2－3－1　2011届高职高专主要专业类毕业生毕业三年后认为
最重要的三项工作能力*

高职高专专业类名称	第一重要的能力	第二重要的能力	第三重要的能力
包装印刷类	有效的口头沟通	积极学习	协调安排
材料类	有效的口头沟通	积极学习	学习方法
财务会计类	有效的口头沟通	积极学习	协调安排
财政金融类	有效的口头沟通	积极学习	理解他人
测绘类	积极学习	有效的口头沟通	学习方法
畜牧兽医类	有效的口头沟通	积极学习	理解他人
电力技术类	积极学习	有效的口头沟通	学习方法
电子信息类	有效的口头沟通	积极学习	学习方法
法律实务类	有效的口头沟通	积极学习	协调安排
房地产类	有效的口头沟通	积极学习	协调安排
纺织服装类	有效的口头沟通	积极学习	协调安排

续表

高职高专专业类名称	第一重要的能力	第二重要的能力	第三重要的能力
港口运输类	有效的口头沟通	积极学习	协调安排
工程管理类	积极学习	有效的口头沟通	协调安排
工商管理类	有效的口头沟通	积极学习	协调安排
公共管理类	有效的口头沟通	积极学习	协调安排
公路运输类	有效的口头沟通	积极学习	协调安排
广播影视类	有效的口头沟通	积极学习	时间管理
护理类	有效的口头沟通	积极学习	理解他人
化工技术类	积极学习	有效的口头沟通	学习方法
环保类	有效的口头沟通	积极学习	协调安排
机电设备类	积极学习	有效的口头沟通	理解他人
机械设计制造类	有效的口头沟通	积极学习	学习方法
计算机类	有效的口头沟通	积极学习	学习方法
建筑设备类	有效的口头沟通	积极学习	协调安排
建筑设计类	有效的口头沟通	积极学习	协调安排
教育类	有效的口头沟通	积极学习	理解他人
经济贸易类	有效的口头沟通	积极学习	协调安排
矿业工程类	积极学习	有效的口头沟通	学习方法
林业技术类	有效的口头沟通	积极学习	协调安排
临床医学类	积极学习	有效的口头沟通	服务他人
旅游管理类	有效的口头沟通	积极学习	协调安排
民航运输类	积极学习	有效的口头沟通	学习方法
能源类	有效的口头沟通	积极学习	学习方法
农业技术类	有效的口头沟通	积极学习	理解他人
汽车类	有效的口头沟通	积极学习	学习方法
生物技术类	有效的口头沟通	积极学习	协调安排
食品类	有效的口头沟通	积极学习	理解他人
市场营销类	有效的口头沟通	积极学习	谈判技能
水上运输类	有效的口头沟通	积极学习	协调安排
铁道运输类	有效的口头沟通	积极学习	理解他人
通信类	有效的口头沟通	积极学习	学习方法
土建施工类	有效的口头沟通	积极学习	协调安排
药学类	有效的口头沟通	积极学习	理解他人
医学技术类	有效的口头沟通	积极学习	服务他人
艺术设计类	有效的口头沟通	积极学习	学习方法

续表

高职高专专业类名称	第一重要的能力	第二重要的能力	第三重要的能力
语言文化类	有效的口头沟通	积极学习	协调安排
制药技术类	有效的口头沟通	积极学习	理解他人
资源勘查类	积极学习	有效的口头沟通	理解他人
自动化类	积极学习	有效的口头沟通	学习方法

* 个别专业类因为样本较少，没有包括在内。

数据来源：麦可思－中国2011届大学毕业生三年后职业发展调查。

表2-3-2 2011届高职高专生毕业三年后从事的主要职业类

最重要的三项工作能力*

高职高专职业类名称	第一重要的能力	第二重要的能力	第三重要的能力
保险	有效的口头沟通	积极学习	谈判技能
财务/审计/税务/统计	积极学习	有效的口头沟通	财务管理
餐饮/娱乐	有效的口头沟通	积极学习	理解他人
电力/能源	积极学习	操作和控制	有效的口头沟通
电气/电子(不包括计算机)	积极学习	有效的口头沟通	学习方法
房地产经营	有效的口头沟通	谈判技能	积极学习
高等教育/职业培训	有效的口头沟通	积极学习	时间管理
工业安全与质量	积极学习	有效的口头沟通	协调安排
公安/检察/法院/经济执法	有效的口头沟通	积极学习	协调安排
行政/后勤	有效的口头沟通	协调安排	积极学习
互联网开发及应用	积极学习	有效的口头沟通	学习方法
机动车机械/电子	有效的口头沟通	积极学习	学习方法
机械/仪器仪表	积极学习	有效的口头沟通	学习方法
计算机与数据处理	积极学习	有效的口头沟通	学习方法
建筑工程	有效的口头沟通	积极学习	协调安排
交通运输/邮电	有效的口头沟通	积极学习	协调安排
金融(银行/基金/证券/期货/理财)	有效的口头沟通	积极学习	谈判技能
经营管理	有效的口头沟通	协调安排	判断和决策
酒店/旅游/会展	有效的口头沟通	协调安排	积极学习
矿山/石油	积极学习	有效的口头沟通	学习方法
美术/设计/创意	技术设计	有效的口头沟通	积极学习
农/林/牧/渔类	有效的口头沟通	积极学习	协调安排
人力资源	有效的口头沟通	人力资源管理	积极学习
生产/运营	有效的口头沟通	积极学习	协调安排

续表

高职高专职业类名称	第一重要的能力	第二重要的能力	第三重要的能力
生物/化工	积极学习	有效的口头沟通	操作和控制
物流/采购	有效的口头沟通	协调安排	谈判技能
销售	有效的口头沟通	谈判技能	积极学习
医疗保健/紧急救助	有效的口头沟通	积极学习	服务他人
中小学教育	有效的口头沟通	积极学习	理解他人

＊个别职业类因为样本较少，没有包括在内。

数据来源：麦可思－中国2011届大学毕业生三年后职业发展调查。

表2－3－3　2011届高职高专生毕业三年后就业的主要

行业类最重要的三项工作能力＊

高职高专行业类名称	第一重要的能力	第二重要的能力	第三重要的能力
初级金属制造业	积极学习	有效的口头沟通	学习方法
电子电气仪器设备及电脑制造业	有效的口头沟通	积极学习	学习方法
房地产开发销售租赁及其他租赁业	有效的口头沟通	积极学习	协调安排
纺织皮革及成品加工业	有效的口头沟通	积极学习	协调安排
各类专业设计与咨询服务业	有效的口头沟通	积极学习	学习方法
行政、商业和环境保护辅助业	有效的口头沟通	积极学习	协调安排
化学品、化工、塑胶业	积极学习	有效的口头沟通	学习方法
机械五金制造业	有效的口头沟通	积极学习	学习方法
家具、医疗设备及其他制成品业	有效的口头沟通	积极学习	学习方法
建筑业	有效的口头沟通	积极学习	协调安排
交通工具制造业	积极学习	有效的口头沟通	学习方法
教育业	有效的口头沟通	积极学习	理解他人
金融(银行/保险/证券)业	有效的口头沟通	积极学习	时间管理
矿业	积极学习	有效的口头沟通	理解他人
零售商业	有效的口头沟通	积极学习	谈判技能
媒体、信息及通信产业	有效的口头沟通	积极学习	学习方法
农业、林业、渔业和畜牧业	有效的口头沟通	积极学习	协调安排
批发商业	有效的口头沟通	积极学习	谈判技能
其他服务业(除行政服务)	有效的口头沟通	积极学习	理解他人
食品、烟草、加工业	有效的口头沟通	积极学习	时间管理
水电煤气公用事业	积极学习	有效的口头沟通	学习方法
医疗和社会护理服务业	有效的口头沟通	积极学习	服务他人

续表

高职高专行业类名称	第一重要的能力	第二重要的能力	第三重要的能力
邮递、物流及仓储业	有效的口头沟通	协调安排	积极学习
运输业	有效的口头沟通	积极学习	协调安排
政府及公共管理	有效的口头沟通	积极学习	协调安排
住宿和饮食业	有效的口头沟通	积极学习	协调安排

*个别行业类因为样本较少，没有包括在内。

数据来源：麦可思 – 中国 2011 届大学毕业生三年后职业发展调查。

二 优秀人才基本工作能力

优秀人才：毕业三年内晋升次数在三次及以上的大学毕业生。

表 2 – 3 – 4 2011 届高职高专主要专业大类优秀人才毕业

三年后认为最重要的三项工作能力*

高职高专专业大类名称	第一重要的能力	第二重要的能力	第三重要的能力
材料与能源大类	积极学习	有效的口头沟通	积极聆听
财经大类	有效的口头沟通	积极学习	协调安排
电子信息大类	有效的口头沟通	积极学习	学习方法
交通运输大类	有效的口头沟通	积极学习	理解他人
旅游大类	有效的口头沟通	积极学习	谈判技能
农林牧渔大类	积极学习	有效的口头沟通	协调安排
轻纺食品大类	有效的口头沟通	积极学习	理解他人
生化与药品大类	有效的口头沟通	积极学习	学习方法
土建大类	有效的口头沟通	积极学习	协调安排
文化教育大类	有效的口头沟通	积极学习	理解他人
艺术设计传媒大类	有效的口头沟通	积极学习	技术设计
制造大类	有效的口头沟通	积极学习	学习方法

*个别专业大类因为样本较少，没有包括在内。

数据来源：麦可思 – 中国 2011 届大学毕业生三年后职业发展调查。

B.15

第四章

三年后自主创业

结论摘要

一 自主创业人群分布

1. 2011届大学生毕业半年后有1.6%的人自主创业（本科为1.0%，高职高专为2.2%）[①]，毕业三年后有5.5%的人自主创业（本科为3.3%，高职高专为7.7%），说明有更多的毕业生在毕业三年内选择了自主创业。

2. 毕业半年后自主创业的2011届高职高专毕业生中有48.9%的人三年后还在继续自主创业，比2010届（42.6%）增长了6.3个百分点；有42.7%的人选择了受雇全职工作，比2010届（50.3%）减少了7.6个百分点。

3. 2011届高职高专生毕业三年后自主创业的人群在毕业半年后有72.6%处于受雇全职/半职工作状态，比2010届（79.6%）减少了7.0个百分点；有17.8%的人在毕业半年后自主创业，比2010届（12.3%）增长了5.5个百分点。

4. 2011届高职高专生毕业三年后自主创业人群月收入为7292元，比2010届该指标（6651元）高10%，比2011届高职高专生毕业三年后平均月收入（4812元）高52%。

二 自主创业人群职业、行业分布

2011届高职高专生毕业三年后自主创业的职业主要集中在"总经理和

[①] 麦可思研究院编著《2012年中国大学生就业报告》，社会科学文献出版社，2012。

日常主管"(4.7%），其次是"销售经理"（4.2%）。2011届高职高专生毕业三年后自主创业的行业主要集中在"建筑装修业"（4.0%），其次是"其他个人服务业"（3.8%）。

三 自主创业人群最重要的基本工作能力

2011届大学生毕业三年后自主创业人群认为创业最重要的基本工作能力是：有效的口头沟通、积极学习、时间管理、谈判技能、学习方法、理解他人和协调安排。

一 自主创业人群分布

2011届大学生毕业半年后有1.6%的人自主创业（本科为1.0%，高职高专为2.2%）①，毕业三年后有5.5%的人自主创业（本科为3.3%，高职高专为7.7%），说明有更多的毕业生在毕业三年内选择了自主创业。

图2－4－1是2011届高职高专生毕业半年后自主创业人群在毕业三年后的就业去向。可以看出，毕业半年后自主创业的2011届高职高专毕业生中有48.9%的人三年后还在继续自主创业，比2010届（42.6%）增长了6.3个百分点；有42.7%的人选择了受雇全职工作，比2010届（50.3%）减少了7.6个百分点。

图2－4－2是2011届高职高专生毕业三年后自主创业人群在毕业半年后的就业状态。可以看出，2011届高职高专生毕业三年后自主创业的人群在毕业半年后有72.6%处于受雇全职/半职工作状态，比2010届（79.6%）减少了7.0个百分点；有17.8%的人在毕业半年后自主创业，比2010届（12.3%）增长了5.5个百分点。

图2－4－3是2011届高职高专生毕业三年后自主创业人群的月收入。可以看出，2011届高职高专生毕业三年后自主创业人群月收入为7292元，

---

① 麦可思研究院编著《2012年中国大学生就业报告》，社会科学文献出版社，2012。

图 2 - 4 - 1　2011 届高职高专生毕业半年后自主创业人群三年后的就业去向分布（与 2010 届三年后对比）

数据来源：麦可思 - 中国 2010 届、2011 届大学毕业生三年后职业发展调查，2010 届、2011 届大学毕业生半年后社会需求与培养质量调查。

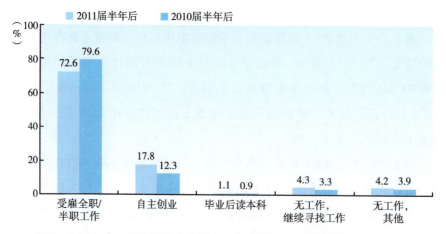

图 2 - 4 - 2　2011 届高职高专生毕业三年后自主创业人群在毕业半年后的就业状态（与 2010 届半年后对比）

数据来源：麦可思 - 中国 2010 届、2011 届大学毕业生三年后职业发展调查，2010 届、2011 届大学毕业生半年后社会需求与培养质量调查。

比 2010 届该指标（6651 元）高 10%，比 2011 届高职高专生毕业三年后平均月收入（4812 元）高 52%。

**图 2 - 4 - 3 2011 届高职高专生毕业三年后自主创业人群的月收入
（与 2010 届三年后对比）**

数据来源：麦可思 - 中国 2010 届、2011 届大学毕业生三年后职业发展调查。

二 自主创业人群职业、行业分布

图 2 - 4 - 4 和图 2 - 4 - 5 分别是 2011 届高职高专生毕业三年后自主创业人群集中的十个职业、2011 届高职高专生毕业三年后自主创业人群集中的五个行业。可以看出，2011 届高职高专生毕业三年后自主创业的职业主要集中在"总经理和日常主管"（4.7%），其次是"销售经理"（4.2%）。2011 届高职高专生毕业三年后自主创业的行业主要集中在"建筑装修业"（4.0%），其次是"其他个人服务业"（3.8%）。

三 自主创业人群最重要的基本工作能力

如表 2 - 4 - 1 所示，2011 届大学生毕业三年后自主创业人群认为创业最重要的基本工作能力是：有效的口头沟通、积极学习、时间管理、谈判技能、学习方法、理解他人和协调安排。

185

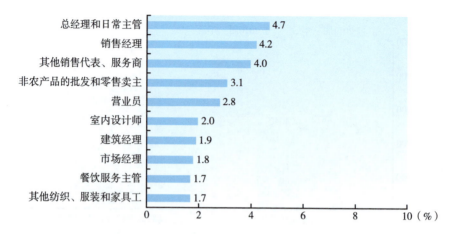

图 2 - 4 - 4 2011 届高职高专生毕业三年后自主创业人群集中的十个职业

数据来源：麦可思 - 中国 2011 届大学毕业生三年后职业发展调查。

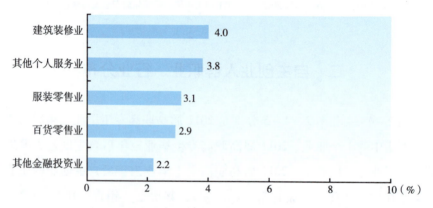

图 2 - 4 - 5 2011 届高职高专生毕业三年后自主创业人群集中的五个行业

数据来源：麦可思 - 中国 2011 届大学毕业生三年后职业发展调查。

表 2 - 4 - 1 2011 届大学生毕业三年后自主创业人群最重要的五项基本工作能力

本科最重要的 基本工作能力	高职高专最重要的 基本工作能力	本科最重要的 基本工作能力	高职高专最重要 的基本工作能力
有效的口头沟通	有效的口头沟通	时间管理	谈判技能
积极学习	积极学习	学习方法	理解他人
协调安排	时间管理	协调安排	时间管理

数据来源：麦可思 - 中国 2011 届大学毕业生三年后职业发展调查。

结论摘要

一 接受培训的类型

2011届高职高专生毕业三年内有52%接受过雇主提供的培训，12%接受过自费培训，16%既接受过自费培训又接受过雇主提供的培训，还有20%的人两类培训都没有接受过。

二 接受培训的原因

2011届高职高专生毕业三年内接受自费培训的前三位原因是提升个人综合素质的需要（70%）、在现有工作单位做好工作或晋升（46%）、为转换职业和行业做准备（35%）。

三 接受培训的内容

2011届高职高专生毕业三年内接受的最主要的自费培训是从业资格证书培训（68%）。2011届高职高专生毕业三年内接受的最主要的雇主培训是岗位技能和知识培训（87%）、公司文化和价值观培训（64%）。

一 接受培训的类型

培训：已经就业的大学毕业生接受的各项旨在提高工作技能水平、增强工作竞争力的教育活动。分为自费培训和雇主提供的培训。

图2-5-1是2011届高职高专生毕业三年内接受的培训类型分布。可以看出，2011届高职高专生毕业三年内有52%接受过雇主提供的培训，

12%接受过自费培训，16%既接受过自费培训又接受过雇主提供的培训，还有20%的人两类培训都没有接受过。

图2-5-1 2011届高职高专生毕业三年内接受培训的类型分布比例
（与2010届三年内对比）

数据来源：麦可思－中国2010届、2011届大学毕业生三年后职业发展调查。

二 接受培训的原因

图2-5-2是2011届高职高专生毕业三年内接受自费培训的原因。可以看出，2011届高职高专生毕业三年内接受自费培训的前三位原因是提升个人综合素质的需要（70%）、在现有工作单位做好工作或晋升（46%）、为转换职业和行业做准备（35%）。

三 接受培训的内容

图2-5-3和图2-5-4分别是2011届高职高专生毕业三年内接受自费培训的内容和接受雇主培训的内容。可以看出，2011届高职高专生毕业三年内接受的最主要的自费培训是从业资格证书培训（68%）。2011届高职

图 2 - 5 - 2　2011 届高职高专生毕业三年内接受自费培训的原因（多选）（与 2010 届三年内对比）

数据来源：麦可思 - 中国 2010 届、2011 届大学毕业生三年后职业发展调查。

高专生毕业三年内接受的最主要的雇主培训是岗位技能和知识培训（87%）、公司文化和价值观培训（64%）。

图 2 - 5 - 3　2011 届高职高专生毕业三年内接受自费培训的内容（多选）（与 2010 届三年内对比）

数据来源：麦可思 - 中国 2010 届、2011 届大学毕业生三年后职业发展调查。

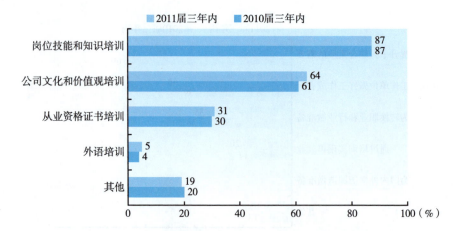

图 2 – 5 – 4　2011 届高职高专生毕业三年内接受雇主培训的内容
（多选）（与 2010 届三年内对比）

数据来源：麦可思 – 中国 2010 届、2011 届大学毕业生三年后职业发展调查。

第六章

校友评价

图 2 - 6 - 1 是 2011 届高职高专生毕业三年后认为母校专业教学中最需要改进的地方。可以看出，2011 届高职高专生在毕业三年后认为母校专业教学中最需要改进的前三位是实习和实践环节不够（44%）、无法调动学生学习兴趣（19%）、课程内容不实用或陈旧（17%）。

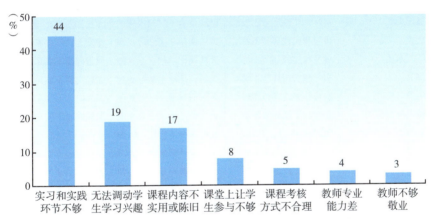

图 2 - 6 - 1　2011 届高职高专生毕业三年后认为母校
专业教学中最需要改进的地方

数据来源：麦可思 - 中国 2011 届大学毕业生三年后职业发展调查。

表 2 - 6 - 1　2011 届高职高专主要专业类毕业生毕业三年后认为

母校专业教学中最需要改进的地方*

高职高专专业类名称	第一需要改进的地方	第二需要改进的地方	第三需要改进的地方
包装印刷类	实习和实践环节不够	课程内容不实用或陈旧	无法调动学生学习兴趣
材料类	实习和实践环节不够	无法调动学生学习兴趣	课程内容不实用或陈旧
财务会计类	实习和实践环节不够	无法调动学生学习兴趣	课堂上让学生参与不够

续表

高职高专专业类名称	第一需要改进的地方	第二需要改进的地方	第三需要改进的地方
财政金融类	实习和实践环节不够	无法调动学生学习兴趣	课程内容不实用或陈旧
测绘类	实习和实践环节不够	课程内容不实用或陈旧	无法调动学生学习兴趣
畜牧兽医类	实习和实践环节不够	无法调动学生学习兴趣	课堂上让学生参与不够
电力技术类	实习和实践环节不够	无法调动学生学习兴趣	课程内容不实用或陈旧
电子信息类	实习和实践环节不够	无法调动学生学习兴趣	课程内容不实用或陈旧
法律实务类	实习和实践环节不够	课程内容不实用或陈旧	无法调动学生学习兴趣
房地产类	实习和实践环节不够	无法调动学生学习兴趣	课程内容不实用或陈旧
纺织服装类	实习和实践环节不够	课程内容不实用或陈旧	无法调动学生学习兴趣
港口运输类	实习和实践环节不够	无法调动学生学习兴趣	课程内容不实用或陈旧
工程管理类	实习和实践环节不够	无法调动学生学习兴趣	课程内容不实用或陈旧
工商管理类	实习和实践环节不够	无法调动学生学习兴趣	课程内容不实用或陈旧
公共管理类	实习和实践环节不够	课程内容不实用或陈旧	课堂上让学生参与不够
公路运输类	实习和实践环节不够	无法调动学生学习兴趣	课程内容不实用或陈旧
广播影视类	实习和实践环节不够	课程内容不实用或陈旧	无法调动学生学习兴趣
护理类	实习和实践环节不够	无法调动学生学习兴趣	课堂上让学生参与不够
化工技术类	实习和实践环节不够	无法调动学生学习兴趣	课程内容不实用或陈旧
环保类	实习和实践环节不够	无法调动学生学习兴趣	课程内容不实用或陈旧
机电设备类	实习和实践环节不够	无法调动学生学习兴趣	课程内容不实用或陈旧
机械设计制造类	实习和实践环节不够	无法调动学生学习兴趣	课程内容不实用或陈旧
计算机类	实习和实践环节不够	课程内容不实用或陈旧	无法调动学生学习兴趣
建筑设备类	实习和实践环节不够	无法调动学生学习兴趣	课程内容不实用或陈旧
建筑设计类	实习和实践环节不够	课程内容不实用或陈旧	无法调动学生学习兴趣
教育类	实习和实践环节不够	课程内容不实用或陈旧	无法调动学生学习兴趣
经济贸易类	实习和实践环节不够	无法调动学生学习兴趣	课程内容不实用或陈旧
矿业工程类	实习和实践环节不够	课程内容不实用或陈旧	教师专业能力差
林业技术类	实习和实践环节不够	课程内容不实用或陈旧	无法调动学生学习兴趣
临床医学类	实习和实践环节不够	无法调动学生学习兴趣	课堂上让学生参与不够
旅游管理类	实习和实践环节不够	课程内容不实用或陈旧	无法调动学生学习兴趣
民航运输类	实习和实践环节不够	课程内容不实用或陈旧	无法调动学生学习兴趣
能源类	实习和实践环节不够	无法调动学生学习兴趣	课程内容不实用或陈旧
农业技术类	实习和实践环节不够	无法调动学生学习兴趣	课程内容不实用或陈旧
汽车类	实习和实践环节不够	课程内容不实用或陈旧	无法调动学生学习兴趣
轻化工类	课程内容不实用或陈旧	无法调动学生学习兴趣	实习和实践环节不够
生物技术类	实习和实践环节不够	课程内容不实用或陈旧	无法调动学生学习兴趣

续表

高职高专专业类名称	第一需要改进的地方	第二需要改进的地方	第三需要改进的地方
食品类	实习和实践环节不够	课程内容不实用或陈旧	无法调动学生学习兴趣
市场营销类	实习和实践环节不够	课程内容不实用或陈旧	无法调动学生学习兴趣
水上运输类	实习和实践环节不够	课程内容不实用或陈旧	无法调动学生学习兴趣
铁道运输类	实习和实践环节不够	无法调动学生学习兴趣	课程内容不实用或陈旧
通信类	实习和实践环节不够	课程内容不实用或陈旧	无法调动学生学习兴趣
土建施工类	实习和实践环节不够	无法调动学生学习兴趣	课程内容不实用或陈旧
药学类	实习和实践环节不够	无法调动学生学习兴趣	课程内容不实用或陈旧
医学技术类	实习和实践环节不够	无法调动学生学习兴趣	课程内容不实用或陈旧
艺术设计类	实习和实践环节不够	课程内容不实用或陈旧	无法调动学生学习兴趣
语言文化类	实习和实践环节不够	课程内容不实用或陈旧	无法调动学生学习兴趣
制药技术类	实习和实践环节不够	无法调动学生学习兴趣	课程内容不实用或陈旧
资源勘查类	实习和实践环节不够	无法调动学生学习兴趣	课程内容不实用或陈旧
自动化类	实习和实践环节不够	无法调动学生学习兴趣	课程内容不实用或陈旧

＊个别专业类因为样本较少，没有包括在内。

数据来源：麦可思－中国2011届大学毕业生三年后职业发展调查。

分报告三　专题研究

B.18
高职高专毕业生需求变化趋势分析

结论摘要

一　失业比例逐年下降

1. 2010～2014 届高职高专毕业生失业比例五年来呈连续下降趋势，从 11.6% 降至 8.1%。数据表明，这五年的下降主要由"无工作，继续寻找工作"的下降驱动，有求职意愿的毕业生通过继续寻找，在毕业半年后找到一份工作的机会逐年提高，反映了劳动力市场对高职高专毕业生的需求增长。

2. 失业比例下降的一个原因是毕业去向的分流。对非失业的毕业生去向进行细分，全职工作的比例基本持平，其余三种去向都有所上升。这些数据表明，高职高专毕业生的去向正在从"单一出口"（即"受雇全职工作"）向"多口径分流"（即"受雇半职工作"＋"自主创业"＋"毕业后读本科"）转变。其中，自主创业的比例从 2.2% 增长到 3.8%，读本科的比例从2.6%增长到4.2%，两类去向的比例增长明显。这说明在《国家中长期教育改革和发展规划纲要（2010－2020年）》出台之后，鼓励大学生自主创业以及建立现代职业教育体系（尤其是高职高专与本科的课程衔接）的各项相关举措取得了初步成效。

3. 失业比例下降的另一个原因是产业升级对高技能劳动力的需求增长。2010~2014届高职高专毕业生的就业率在大部分专业大类都有所上升。根据麦可思调查，12个专业大类有这五年就业率的完整数据，其中11个都呈上升趋势。尤其是医药卫生大类从83.1%提高到91.2%，以增加了8.1个百分点领跑，紧随其后的是艺术设计传媒大类（增加了5.7个百分点）和电子信息大类（增加了5个百分点），组成了拉动高技能人才需求增长的"三驾马车"。

二 平均月收入逐年上升，跑赢通货膨胀

1. 2010~2014届高职高专毕业生毕业半年后的平均月收入从2142元增长到3200元，增幅为49%。考虑到通货膨胀因素，在根据CPI（即消费者物价指数，衡量通货膨胀程度的重要指标之一）进行调整后，2010~2014届高职高专毕业生毕业半年后的平均月收入从2142元增长到2828元，增幅为32%。这表明在剔除通货膨胀的影响之后，高职高专毕业生的实际收入仍然有明显提高。在这五年里，失业比例逐年下降、月收入逐年上升，这两大趋势同时出现，有力地证明了劳动力市场对高职高专毕业生的需求增长，整体上没有出现"为了降低失业比例而接受低收入"的低就业现象。

2. 从月收入的分布情况来看，2010~2014届高职高专毕业生的月收入峰值从2500元以下的低收入区间向3500元左右的中等收入区间移动。数据表明，高职高专毕业生里的"蚁族"现象在过去五年有所缓解，2010~2014届高职高专毕业生月收入在2000元（含）以下的所占比例明显逐年下降，依次为42.9%（2010届）、26.9%（2011届）、19.6%（2012届）、12.4%（2013届）、9.2%（2014届）。

3. 月收入的另一趋势在于低收入与高收入的差距加大。通过对收入在后10%和前10%的群体进行比较，2010~2014届高职高专毕业生月收入的

"贫富差距"从 1800 元上升到 3000 元。根据前面提到的平均月收入逐年上升，2000 元以下的低收入群体比例下降，可以推断出这一差距的加大主要由 5000 元以上的相对高收入群体驱动。收入作为一种劳动力市场的价格信号，高收入反映了市场需要这部分高技能人才，并认可他们所创造的价值。

三 支持城市化进程、产业升级与中小型民企发展

（一）六成在地级市及以下的地区就业

从毕业去向的城市类型来看，2010～2014 届高职高专毕业生在地级市及以下地区就业的比例从 56% 上升到 60%。数据表明，过去五年里，高职高专毕业生的就业城市分布已经初步出现"重心下沉"，就业比例在直辖市持平，在副省级城市有所下降，在地级市及以下的地区有所上升，达到六成。如果照此趋势发展，大学生毕业去向与城市化进程的不匹配现象有望得到缓解甚至避免出现。

（二）医疗、建筑、交通运输的人才需求出现增长

从毕业生从事的主要职业与主要行业这两个指标来看，医疗、建筑、交通运输这三个产业在过去五年对高职高专毕业生的需求出现了增长，而制造、能源这两个产业出现了下降。在出现增长的产业里，建筑业比较特殊，其人才需求在 2010 届和 2012 届有明显的上升，之后两年出现波动。参考麦肯锡报告，建筑业也是属于增长较快的产业，2010～2020 年的高技能人才需求量将增长 300 万人。因此，与此处结论并不相悖。在出现下降的产业里，制造业主要是以加工为主的劳动密集型制造业，例如机械五金、电子电器、纺织皮革等。参考麦肯锡报告，珠江三角洲的低端制造业劳动力成本在2011 年和 2012 年分别上涨了 11% 和 8%，迫使雇主把工厂搬到了劳动力成本更低的印度或越南，这个行业里对高技能人才的需求也相应减少。这是高职高专毕业生在制造业就业比例下降的一个原因。如果这些毕业生不能通过学校的培养和自身的努力，满足高端制造业对人才在知识、技能、素养方面的要求，那么出现毕业生供给与产业升级不匹配的风险就比较高。

（三）六成左右在中小型民企就业

从雇主类型来看，高职高专毕业生在民营企业/个体的就业比例基本持平，略有波动，在过去五年都维持在六成以上。其他类型的雇主需求也较稳定，唯一例外的是中外合资/外资/独资企业，2010~2014届高职高专毕业生在其就业的比例从13%下降到9%。这种趋势与前面提到的劳动力成本上升带来的外资撤离的经济形势方向一致。

从雇主规模来看，这五年无明显变化。2010~2014届高职高专毕业生主要在300人及以下的中小型企业就业，比例在56%左右。参考麦肯锡报告，这些中小型企业通常无法提供大型企业那样系统、专业的入职培训，需要毕业生最好上岗就具有"可雇佣能力"，能有效沟通、解决复杂问题等。结合麦可思数据，2010~2014届高职高专毕业生认为"有效的口头沟通"能力重要度在73%左右，满足度略有波动，从86%下降到79%再回升到84%；毕业生认为"解决复杂的问题"能力重要度在67%左右，满足度略有上升，从83%下降到79%再提高到86%。数据表明，在这些方面的能力培养需要一定时间的积累，短期内难以出现明显提升。但如果出现了能力的"短板"，例如前面提到这些能力满足度的下降，就会出现毕业生供给与雇主期待不匹配的现象。可喜的是数据也反映出一种"自我调节"的机制，不管是大学强化了这些能力的培养，还是毕业生自身的努力，这些能力的满足度在下降到79%之后都出现了回升的趋势。

一 研究概况

麦肯锡全球研究院在2013年5月发布了名为《一个价值2500亿美金的问题：中国能否填补技能缺口？》的报告。在报告中，研究者估算到2020年，随着人口总量下降，城市化进程和产业升级的加快，中国至少短缺2400万名受过高等教育的劳动者。"如果这个缺口不能填补，带来的经济损失会高达2500亿美元（相当于GDP的2.3%），比一个香港或一个以色列的经济总产值还高。"在这个巨大的人才缺口里,对本科毕业生的需求达到800万名;而对高职高专毕业生的需求翻倍,高达1600万名。因此,分析高职高专毕业生的需求变化趋势,对高技能人才培养、经济持续增长、地区均衡发展等国家战略目标的达成具有重中之重的意义。

本专题分析基于麦可思调查数据。麦可思公司自2007年开始进行大学毕业生就业调查,并从2009年开始根据调查结果每年发布《中国大学生就业报告(就业蓝皮书)》,迄今已进行连续九年的全国调查,发布了七本就业蓝皮书,建立了2006~2014届中国大学毕业生就业数据库。这个数据库的价值在于:首先,调查持续时间之长、覆盖样本量之大,在中国高等教育领域是首次,在世界范围内也难以找到可以在时间跨度或调查规模上与之相比的大学毕业生就业调查。其次,考虑到雇主(即劳动力需求方)调查相对答题率低、成本高、周期长,从大学生(即劳动力供给方)调查反馈回来的劳动力市场信息更为宝贵。此外,前面提到的麦肯锡报告主要基于国家统计局数据以及麦肯锡在中国开展的调研。如果本专题分析使用麦可思数据得出同样结论,那么就相当于用来源与调查方式不同的数据进行了一次检验,可增强结论的说服力。麦可思数据可与其他机构的调查互为补充,为大学毕业生的供需分析提供更加全面的信息。

本专题分析聚焦在2010~2014届高职高专毕业生[①]。以2010届为起点,因为这与《国家中长期教育改革和发展规划纲要(2010-2020年)》(以下简称《纲要》)同步,正好在《纲要》实施过半这个重要节点来进行一次中期回顾。另外,受经济危机的影响,2009届毕业生的就业情况出现较为异常的波动,不适合作为趋势分析的起点。所以本专题的范围可以更准确地表达为在《纲要》开始实施和经济危机发生之后的高职高专毕业生的需求变化趋势分析。

本专题主要从失业比例、月收入、就业城市类型、主要就业职业和行

[①] 针对高职高专毕业生的相关数据分析,不含本科毕业生、研究生。在层次划分上,高职高专毕业生是按学历层次(专科)而非院校类型(高职高专院校)来划分,即普通本科院校中的高职高专生计入高职高专毕业生。

业、雇主类型这五方面来分析高职高专毕业生的需求变化趋势。分析的主要问题包括：这五方面反映出来的需求变化呈现哪些特点？是否支持麦肯锡报告里关于高技能劳动力短缺的结论？是否存在麦肯锡报告里提出的三大不匹配现象？这里的三大不匹配是指大学毕业生的去向与城市化进程不匹配、与产业升级不匹配、与雇主期待不匹配。如果存在这些不匹配现象，政策制定者、高校管理者、雇主等可以采取哪些行动来加以缓解？

二　失业比例逐年下降

根据麦可思数据，如图 3-1 所示，2010~2014 届高职高专毕业生失业比例从 11.6% 降低到 8.1% 。这五年呈现一种连续下降的趋势，依次为 11.6% （2010 届）、10% （2011 届）、9.3% （2012 届）、8.8%（2013 届）、8.1% （2014 届）。此处的失业比例，由"无工作，继续寻找工作"和"无工作，其他"两类去向相加得出。数据表明，这五年失业比例的下降主要由"无工作，继续寻找工作"的下降驱动，有求职意愿的毕业生通过继续寻找，在毕业半年后找到一份工作的机会逐年提高。这反映了劳动力市场对高职高专毕业生的需求增长，支持麦肯锡报告里对高技能人才短缺的预测。

失业比例下降的一个原因是毕业去向的分流。对非失业的毕业生去向进行细分，全职工作的比例基本持平，其余三种去向都有所上升。这些数据表明，高职高专毕业生的去向正在从"单一出口"（即"受雇全职工作"）向"多口径分流"（即"受雇半职工作"＋"自主创业"＋"毕业后读本科"）转变。其中，"自主创业"和"毕业后读本科"的比例增长明显。2010~2014 届高职高专毕业生自主创业的比例从 2.2% 增长到 3.8%；读本科的比例从 2.6% 增长到 4.2% 。这说明在《纲要》出台之后，鼓励大学生自主创业以及建立现代职业教育体系（尤其是高职高专与本科的课程衔接）的各项相关举措取得了初步成效。

失业比例下降的另一个原因是产业升级对高技能劳动力的需求增长。

图 3-1　2010～2014 届高职高专院校毕业生毕业半年后的去向分布变化*

*2014 届新增选项"毕业后入伍"（0.4%）没有展示在图中。

数据来源：麦可思-中国 2010～2014 届大学毕业生社会需求与培养质量调查。

2010～2014 届高职高专毕业生的就业率①在大部分专业大类都有所上升。根据麦可思调查，12 个专业大类有这五年就业率的完整数据，其中 11 个都呈上升趋势（见表 3-1）。尤其是医药卫生大类从 83.1% 提高到 91.2%，以增加了 8.1 个百分点领跑，紧随其后的是艺术设计传媒大类（增加了 5.7 个百分点）和电子信息大类（增加了 5 个百分点），组成了拉动高技能人才需求增长的"三驾马车"（见图 3-2）。这一趋势与麦肯锡报告里根据国家统计局数据得出的结论不谋而合。麦肯锡估算 2010～2020 年，对大学毕业生需求最强劲的前两大产业分别是医疗与社会服务（将增长 1100 万人）和制造业（将增长 1100 万人）。这里的制造业指雇用高技能劳动力、产生高附加值的知识密集型制造业，正好对应上面提到的电子信息大类和艺术设计传媒大类（即通过改良设计和品牌塑造为产品带来高附加值）。对这些高技能劳动力的需求出现高增长的职业与行业将在后面展开进一步的数据分析。

---

① 高职高专毕业生的就业率 = 已就业高职高专毕业生数/需就业的总高职高专毕业生数；其中，已就业人数不包括读本科人数，需就业的总毕业生数也不包括读本科人数。

表 3-1　2010～2014 届高职高专主要专业大类毕业生

毕业半年后的就业率变化趋势[*]

单位：%

高职高专专业大类名称	2010 届	2011 届	2012 届	2013 届	2014 届
材料与能源大类	92.9	92.2	91.8	92.1	92.7
制造大类	89.4	91.6	91.3	91.8	92.5
财经大类	89.3	88.8	90.7	91.0	92.4
生化与药品大类	88.7	92.5	93.2	91.3	92.2
交通运输大类	89.8	88.7	91.6	89.8	92.0
土建大类	89.4	92.0	89.0	90.7	91.7
轻纺食品大类	90.0	91.6	92.4	91.8	91.6
电子信息大类	86.5	90.5	90.3	90.6	91.5
文化教育大类	87.1	87.7	88.8	89.2	91.4
医药卫生大类	83.1	88.2	90.3	90.5	91.2
旅游大类	90.0	91.9	88.9	88.3	90.5
艺术设计传媒大类	84.0	83.2	86.7	88.3	89.7

[*] 公共事业、农林牧渔等专业大类因样本不足，缺失这五年的完整数据。

数据来源：麦可思-中国 2010-2014 届大学毕业生社会需求与培养质量调查。

图 3-2　2010～2014 届高职高专生毕业半年后的就业率变化较大的专业大类

数据来源：麦可思-中国 2010-2014 届大学毕业生社会需求与培养质量调查。

三 平均月收入逐年上升，跑赢通货膨胀

根据麦可思数据，如图3-3所示，2010~2014届高职高专毕业生毕业半年后的平均月收入从2142元增长到3200元，增幅为49%。考虑到通货膨胀因素，在根据CPI（即消费者物价指数，衡量通货膨胀程度的重要指标之一）进行调整后，2010~2014届高职高专毕业生毕业半年后的平均月收入从2142元增长到2828元，增幅为32%。这表明在剔除通货膨胀的影响之后，高职高专毕业生的实际收入仍然有明显提高。在这五年里，失业比例逐年下降、月收入逐年上升，这两大趋势同时出现，有力地证明了劳动力市场对高职高专毕业生的需求增长，整体上没有出现"为了降低失业比例而接受低收入"的低就业现象。

图3-3 在不考虑/考虑通货膨胀因素下2010~2014届高职
高专毕业生毕业半年后月收入

数据来源：麦可思-中国2010-2014届大学毕业生社会需求与培养质量调查。

从月收入的分布情况来看，如图3-4所示，2010~2014届高职高专毕业生的月收入峰值从2500元以下的低收入区间向3500元左右的中等收入区间移动。根据学者廉思2009年的"蚁族"调查，"蚁族"指大学毕业生里的低收入聚居群体，他们平均月收入在2000元以下，绝大多数没有社保和正式的劳动合同，在城乡接合部合租群居。麦可思数据表明，如图 3 - 5 所示，高职高专毕业生里的"蚁族"现象在过去五年有所缓解，2010 ~ 2014 届高职高专毕业生月收入在 2000 元（含）以下的所占比例明显逐年下降，依次为 42.9%（2010 届）、26.9%（2011 届）、19.6%（2012 届）、12.4%（2013 届）、9.2%（2014 届）。

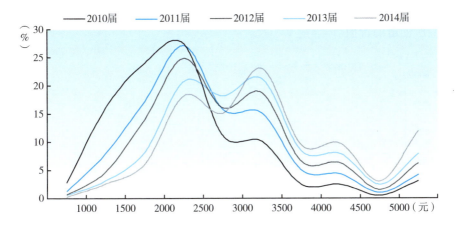

图 3 - 4 2010 ~ 2014 届高职高专生毕业半年后的月收入分布

数据来源：麦可思 – 中国 2010 ~ 2014 届大学毕业生社会需求与培养质量调查。

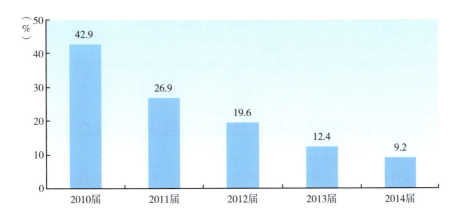

图 3 - 5 2010 ~ 2014 届高职高专生毕业半年后月收入在 2000 元
（含）以下的人群比例

数据来源：麦可思 – 中国 2010 ~ 2014 届大学毕业生社会需求与培养质量调查。

月收入的另一趋势在于低收入与高收入的差距加大。通过对收入在后10%和前10%的群体进行比较，2010～2014届高职高专毕业生月收入的"贫富差距"从1800元上升到3000元（见图3－6）。根据前面提到的平均月收入逐年上升，2000元以下的低收入群体比例下降，可以推断出这一差距的加大主要由5000元以上的相对高收入群体驱动。收入作为一种劳动力市场的价格信号，高收入反映了市场需要这部分高技能人才，并认可他们所创造的价值。

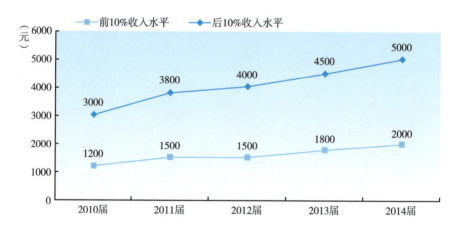

图3－6　2010～2014届高职高专生毕业半年后月收入前
10％与后10％的群体对比＊

＊图中月收入计算采用的分位值。
数据来源：麦可思－中国2010～2014届大学毕业生社会需求与培养质量调查。

四　支持城市化进程、产业升级与中小型民企发展

在麦肯锡报告中，还提到了劳动力市场里的三种不匹配现象，会导致大学毕业生的供给无法满足劳动力市场对高技能人才的需求增长，从而到2020年造成2500亿美元的经济损失。这三大不匹配现象是指大学毕业生的去向与城市化进程不匹配、与产业升级不匹配、与雇主期待不匹配。这些现象是否真实存在？接下来根据麦可思数据逐一分析。

（一）六成在地级市及以下的地区就业

从毕业去向的城市类型来看，2010～2014届高职高专毕业生在地级市及以下地区就业的比例从56%上升到60%（见图3-7）。麦肯锡报告预测，中国接下来二十年城市化进程的主战场将从40个超大城市（包括直辖市、副省级城市及其他省会城市等）转移到数百个充满活力的中小城市。根据麦可思数据，过去五年里，高职高专毕业生的就业城市分布已经初步出现"重心下沉"，就业比例在直辖市持平，在副省级城市有所下降，在地级市及以下的地区有所上升，达到六成。如果照此趋势发展，大学生毕业去向与城市化进程的不匹配现象有望得到缓解甚至避免出现。

图3-7　2010～2014届高职高专毕业生的三类就业城市分布

数据来源：麦可思-中国2010～2014届大学毕业生社会需求与培养质量调查。

（二）医疗、建筑、交通运输的人才需求出现增长

从高职高专毕业生从事的主要职业与主要行业这两个指标来看，医疗、建筑、交通运输这三个产业在过去五年对高职高专毕业生的需求出现了增长，而制造、能源这两个产业出现了下降。在出现增长的产业里，建筑业比较特殊，其人才需求在2010届和2012届有明显的上升，之后两年

出现波动。在麦肯锡报告里，建筑业也是属于增长较快的产业，2010～2020 年高技能人才的需求量将增长 300 万人。因此，与此处结论并不相悖。在出现下降的产业里，制造业主要是以加工为主的劳动密集型制造业，例如机械五金、电子电器、纺织皮革等。根据麦肯锡报告，珠江三角洲的低端制造业劳动力成本在 2011 年和 2012 年分别上涨了 11% 和 8%，迫使雇主把工厂搬到了劳动力成本更低的印度或越南，这个行业里对高技能人才的需求也相应减少。这是高职高专毕业生在制造业就业比例下降的一个原因。如果这些毕业生不能通过学校的培养和自身的努力，满足高端制造业对人才在知识、技能、素养方面的要求，那么出现毕业生供给与产业升级不匹配的风险就比较高。

聚焦在就业比例较高的职业类中，如表 3－2 所示，2010～2014 届高职高专毕业生就业比例增长最明显的前五位职业类分别是医疗保健/紧急救助（增加了 4.3 个百分点）、建筑工程（增加了 2.8 个百分点）、互联网开发及应用（增加了 1.7 个百分点）、交通运输/邮电（增加了 1.3 个百分点）与餐饮/娱乐（增加了 1.3 个百分点）。下降最明显的前五位职业类分别是销售（降低了 4.3 个百分点）、电气/电子（不包括计算机）（降低了 2.3 个百分点）、行政/后勤（降低了 2 个百分点）、机械/仪器仪表（降低了 2 个百分点）与电力/能源（降低了 1.2 个百分点）。

聚焦在就业比例较高的行业类中，如表 3－3 所示，2010～2014 届高职高专毕业生就业比例增长最明显的前五位行业类分别是医疗和社会护理服务业（增加了 4.8 个百分点）、建筑业（增加了 3.8 个百分点）、其他服务业（除行政服务）（增加了 2 个百分点）、运输业（增加了 1.4 个百分点）与交通工具制造业（增加了 1.2 个百分点）。下降最明显的前五位行业类分别是机械五金制造业（降低了 3 个百分点）、电子电气仪器设备及电脑制造业（降低了 2.9 个百分点）、水电煤气公用事业（降低了 2.1 个百分点）、纺织皮革及成品加工业（降低了 1.2 个百分点）、媒体、信息及通信产业（降低了 1.1 个百分点）。

表 3 – 2　2010～2014 届高职高专毕业生从事的主要职业类及就业比例*

单位：%

高职高专毕业生从事的职业类名称	2010 届	2011 届	2012 届	2013 届	2014 届
销售	15.3	13.6	10.8	10.3	11.0
财务/审计/税务/统计	11.3	10.5	11.0	12.5	10.8
建筑工程	5.8	7.0	8.3	7.3	8.6
行政/后勤	9.0	8.8	7.0	7.2	7.0
医疗保健/紧急救助	2.2	1.6	2.2	4.1	6.5
机械/仪器仪表	6.7	5.1	5.4	5.1	4.7
电气/电子（不包括计算机）	6.0	4.1	5.0	4.0	3.7
机动车机械/电子	2.1	1.5	3.4	3.0	3.3
互联网开发及应用	1.5	2.3	2.1	1.9	3.2
金融（银行/基金/证券/期货/理财）	3.0	2.9	2.5	3.0	2.9
计算机与数据处理	3.1	4.9	4.3	3.6	2.8
交通运输/邮电	1.4	1.4	3.2	3.4	2.7
餐饮/娱乐	1.3	2.1	2.1	2.1	2.6
美术/设计/创意	2.0	2.6	2.5	2.6	2.5
电力/能源	3.4	2.0	3.6	2.2	2.2
房地产经营	1.6	1.6	1.7	2.8	2.0
物流/采购	2.8	2.1	2.3	2.0	1.9
生产/运营	2.3	1.3	1.9	1.5	1.9
保险	1.2	1.2	1.1	1.4	1.6
工业安全与质量	0.9	1.2	1.4	1.7	1.4
酒店/旅游/会展	1.4	1.9	1.5	1.4	1.4
人力资源	1.6	1.9	1.4	1.2	1.4
生物/化工	1.6	1.8	1.3	1.5	1.2
中小学教育	1.9	2.5	1.2	0.7	1.2
媒体/出版	1.2	2.0	1.5	1.1	1.1

　* 不包括 2014 届高职高专毕业生就业比例在 1% 以下的职业类。

　数据来源：麦可思 – 中国 2010～2014 届大学毕业生社会需求与培养质量调查。

表 3 – 3　2010 ~ 2014 届高职高专毕业生就业的主要行业类及就业比例*

单位：%

高职高专毕业生就业的行业类名称	2010 届	2011 届	2012 届	2013 届	2014 届
建筑业	9.0	10.5	12.9	12.0	12.8
医疗和社会护理服务业	2.8	2.2	3.2	5.2	7.6
零售商业	6.8	7.7	7.7	6.2	6.5
电子电气仪器设备及电脑制造业	8.7	7.3	6.7	6.2	5.8
金融(银行/保险/证券)业	5.1	5.0	4.5	5.4	5.8
媒体、信息及通信产业	6.2	8.6	6.6	5.3	5.1
其他服务业(除行政服务)	2.7	3.0	3.4	4.5	4.7
机械五金制造业	7.5	5.4	5.3	5.0	4.5
交通工具制造业	3.2	2.3	3.7	3.6	4.4
教育业	4.5	7.3	4.3	3.7	3.9
各类专业设计与咨询服务业	4.2	4.8	4.8	4.1	3.7
运输业	2.0	2.1	2.8	4.4	3.4
房地产开发销售租赁及其他租赁业	2.5	2.6	2.7	4.1	3.3
化学品、化工、塑胶业	4.1	4.5	3.5	4.0	3.1
住宿和饮食业	2.0	2.2	2.2	2.1	2.7
家具、医疗设备及其他制成品业	2.4	3.3	2.7	2.8	2.3
政府及公共管理	2.5	2.4	2.7	2.6	2.3
行政、商业和环境保护辅助业	2.9	2.0	2.5	2.4	2.3
食品、烟草、加工业	2.5	3.0	2.6	2.4	2.2
批发商业	2.9	0.3	0.7	2.3	2.1
水电煤气公用事业	4.1	1.8	3.3	1.8	2.0
邮递、物流及仓储业	2.0	1.8	1.9	1.9	1.8
纺织皮革及成品加工业	2.8	2.5	1.9	1.9	1.6
农业、林业、渔业和畜牧业	1.2	1.5	1.5	1.6	1.5
艺术、娱乐和休闲业	0.8	1.7	1.1	1.0	1.1
矿业	1.2	1.1	2.1	0.9	1.1
初级金属制造业	1.6	1.3	1.3	1.0	1.0

*不包括 2014 届高职高专毕业生就业比例在 1% 以下的行业类。

数据来源：麦可思 – 中国 2010 ~ 2014 届大学毕业生社会需求与培养质量调查。

（三）六成左右在中小型民企就业

从雇主类型来看，如图 3 – 8 所示，高职高专毕业生在民营企业/个体的就业比例基本持平，略有波动，在过去五年都维持在六成以上。其他类型的雇主需求也较稳定，唯一例外的是中外合资/外资/独资企业，2010 ~ 2014

届高职高专毕业生在其就业的比例从 13% 下降到 9%。这种趋势与前面提到的劳动力成本上升带来的外资撤离的经济形势方向一致。

图 3 – 8　2010 ~ 2014 届高职高专毕业生的用人单位类型分布

数据来源：麦可思 – 中国 2010 ~ 2014 届大学毕业生社会需求与培养质量调查。

从雇主规模来看，这五年无明显变化。如图 3 – 9 所示，2010 ~ 2014 届高职高专毕业生主要在 300 人及以下的中小型企业就业，比例在 56% 左右。

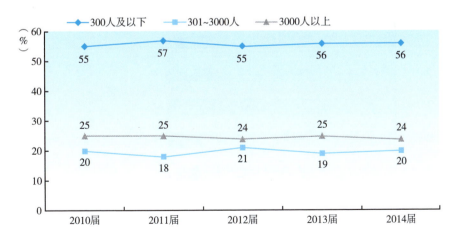

图 3 – 9　2010 ~ 2014 届高职高专毕业生用人单位规模分布

数据来源：麦可思 – 中国 2010 ~ 2014 届大学毕业生社会需求与培养质量调查。

麦肯锡报告提到了这些中小型企业通常无法提供大型企业那样系统、专业的入职培训，需要毕业生最好上岗就具有"可雇佣能力"，能有效沟通、解决复杂问题等。根据麦可思数据，如图 3 – 10 和图 3 – 11 所示，2010 ～ 2014 届高职高专毕业生认为"有效的口头沟通"能力重要度在 73% 左右，满足

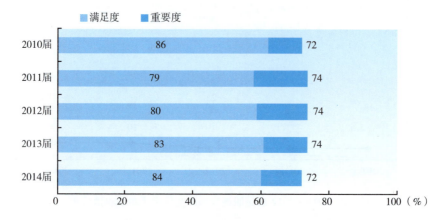

图 3 – 10　2010 ～ 2014 届高职高专毕业生"有效的口头沟通"
能力的重要度和满足度

数据来源：麦可思 – 中国 2010 ～ 2014 届大学毕业生社会需求与培养质量调查。

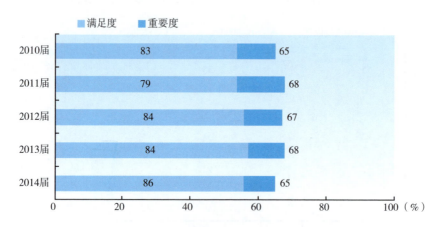

图 3 – 11　2010 ～ 2014 届高职高专毕业生"解决复杂的
问题"能力的重要度和满足度

数据来源：麦可思 – 中国 2010 ～ 2014 届大学毕业生社会需求与培养质量调查。

度略有波动，从 86% 下降到 79% 再回升到 84%；毕业生认为"解决复杂的问题"能力重要度在 67% 左右，满足度略有上升，从 83% 下降到 79% 再提高到 86%。数据表明，在这些方面的能力培养需要一定时间的积累，短期内难以出现明显提升。但如果出现了能力的"短板"，例如前面提到这些能力满足度的下降，就会出现毕业生供给与雇主期待不匹配的现象。可喜的是数据也反映出一种"自我调节"的机制，不管是大学强化了对这些能力的培养，还是毕业生自身的努力，这些能力的满足度在下降到 79% 之后都出现了回升的趋势。

五 总结

根据麦可思数据，2010～2014 届高职高专毕业生的失业比例逐年下降、平均月收入逐年上升，这两大趋势支持麦肯锡报告里的预测，即中国从 2010 年到 2020 年对高技能人才的需求会出现增长，尤其是在医疗与高端制造业。高职高专毕业生是满足这个人才短缺的主要来源。为了填补这个缺口，要避免出现毕业生去向与城市化进程、产业升级、雇主期待的三大不匹配。具体措施包括吸引更多毕业生到地级市及以下的城市就业，根据产业升级的需要调整专业与课程，通过雇主反馈提高毕业生的"可雇佣能力"。其中，根据产业升级调整专业与课程的难度最大。总之，这些具体措施的出台与落地亟须政策制定者、高校管理者、雇主三方的协同作战，才能在 2020 年为实现《纲要》里的中长期规划交出一份满意的答卷，为达成国家的战略目标提供在规模和质量上都能胜任的人才支撑。

B.19

附　录

名词解释

以下名词按照首字拼音字母的顺序排列。

B

毕业半年后： 2014届毕业生毕业第二年（即2015年）的1月。麦可思在此时展开调查，收集数据。此时毕业生的就业状况趋于稳定，有工作经历的毕业生也能够评估工作对自己知识、能力的要求。

毕业半年后的平均月收入： 指大学生毕业半年后实际每月工作收入的平均值。

毕业去向分布： 麦可思将中国本科毕业生的毕业状况分为十类：受雇全职工作；受雇半职工作；自主创业；毕业后入伍；正在国内读研；正在港澳台地区及国外读研；无工作，准备国内读研；无工作，准备到港澳台地区及国外读研；无工作，继续寻找工作；无工作，其他。同理将中国高职高专毕业生的毕业状况分为七类：受雇全职工作；受雇半职工作；自主创业；毕业后入伍；毕业后读本科；无工作，继续寻找工作；无工作，其他。其中，受雇全职工作指平均每周工作32小时或以上。受雇半职工作指平均每周工作20小时到31小时。

毕业三年后： 麦可思于2014年对2011届大学毕业生进行了三年后调查跟踪（曾于2012年初对这批大学毕业生进行半年后调查），本报告涉及的三年内的变化分析即使用两次对同一批大学生的跟踪调查数据。

毕业时掌握的核心知识水平： 用于定义正在工作的大学毕业生所理解的在刚毕业时对各项知识实际掌握的级别，从低到高分为一级到七级。一级代表该知识的最低水平，取值 1/7；七级代表该知识的最高水平，取值 1。为了帮助答题人自评级别，问卷在一级到七级中分别举了三个例子，以帮助答题人理解知识水平差别。

毕业时掌握的基本工作能力水平：用于定义正在工作的大学毕业生所理解的在刚毕业时对 35 项基本工作能力实际掌握的级别，从低到高分为一级到七级。一级代表该能力的最低水平，取值 1/7；七级代表该能力的最高水平，取值 1。为了帮助答题人自评级别，问卷在一级到七级中分别举了三个例子，以帮助答题人理解能力的差别。

C

城市类型：本研究按行政级别把中国内地城市分为以下三种类型。

a. 直辖市：包括北京、上海、天津、重庆。

b. 副省级城市：包括哈尔滨、长春、沈阳、大连、济南、青岛、南京、杭州、宁波、厦门、广州、深圳、武汉、成都、西安 15 个城市。部分省会城市不属于副省级城市。

c. 地级城市及以下：如绵阳、保定、苏州等，也包括省会城市如福州、银川等以及地级市下属的县、乡等。

创新能力：35 项基本工作能力中与创新能力相关的几项能力，包括科学分析、批判性思维、积极学习、新产品构思四种能力。

D

大学毕业生：本科院校、高职高专院校的毕业生。

待定族：指调查时处于失业状态且不打算求职和求学的大学毕业生。

G

工作岗位要求的工作能力水平：用于定义正在工作的大学毕业生所理解

的工作对 35 项基本工作能力的要求级别，从低到高分为一级到七级。一级代表该能力的最低水平，取值 1/7；七级代表该能力的最高水平，取值 1。为了帮助答题人自评级别，问卷在一级到七级中分别举了三个例子，以帮助答题人理解能力的差别。

工作能力：从事某项职业工作必须具备的能力，分为职业工作能力和基本工作能力。职业工作能力是从事某一职业特殊需要的能力，基本工作能力是从事所有工作都必须具备的能力，麦可思参考美国 SCANS 标准，把基本工作能力分为 35 项。根据麦可思的工作能力分类，中国大学生可以从事的职业共 695 个，对应的职业能力近万条。

工作要求的核心知识水平：用于定义正在工作的大学毕业生所理解的工作对各项知识的要求级别，从低到高分为一级到七级。一级代表该知识的最低水平，取值 1/7；七级代表该知识的最高水平，取值 1。为了帮助答题人自评级别，问卷在一级到七级中分别举了三个例子，以帮助答题人理解知识水平差别。

工作与专业相关度 = 受雇全职工作并且与专业相关的毕业生人数/受雇全职工作的毕业生人数。

雇主数：指毕业生从第一份工作到三年后的调查时点，一共为多少个雇主工作过。雇主数越多，则工作转换得越频繁；雇主数可以显示毕业生工作稳定的程度。

H

行业：根据麦可思中国行业分类体系，本次调查覆盖了高职高专毕业生就业的 327 个行业。

行业转换率：行业转换是指毕业生在毕业半年后就业于某行业（小类），而毕业三年后进入不同的行业就业。行业转换率是指有多大比例的毕业生在毕业三年内转换了行业。其计算方法为：分母是毕业半年后有工作的毕业生数，分子是毕业三年后所在行业与毕业半年后所在行业不同的毕业生数。

核心知识：从事某项职业必须具备的知识。麦可思参考美国 SCANS 标准，将核心知识分为 28 项。根据麦可思的核心知识分类，中国大学生可以从事的职业共 695 个，对应的职业知识近万条。

核心知识的满足度：毕业时掌握的核心知识水平满足社会初始岗位的工作要求水平的程度，100% 为完全满足。满足度计算公式的分子是毕业时掌握的核心知识水平，分母是工作要求的核心知识水平。

核心知识的重要度：用于定义正在工作的大学毕业生所理解的各项知识在其岗位工作中的重要程度，分为"无法评估"、"不重要"、"有些重要"、"重要"、"非常重要"和"极其重要"六个层次，数据处理时把重要性处理为百分比，0 代表"不重要"，25% 代表"有些重要"，50% 代表"重要"，75% 代表"非常重要"，100% 代表"极其重要"。

红牌专业：失业量较大，就业率、月收入和就业满意度综合较低的专业，为高失业风险型专业。

黄牌专业：除红牌专业外，失业量较大，就业率、月收入和就业满意度综合较低的专业。

J

基本工作能力的满足度：毕业时掌握的基本工作能力水平满足社会初始岗位的工作要求水平的百分比，100% 为完全满足。满足度计算公式的分子是毕业时掌握的基本工作能力水平，分母是工作要求的水平。

基本工作能力的重要度：用于定义正在工作的大学毕业生所理解的 35 项基本工作能力在其岗位工作中的重要程度，分为"无法评估"、"不重要"、"有些重要"、"重要"、"非常重要"和"极其重要"六个层次，数据处理时把重要性处理为百分比，0 代表"不重要"，25% 代表"有些重要"，50% 代表"重要"，75% 代表"非常重要"，100% 代表"极其重要"。

经济区域：本研究把中国内地 31 个省、自治区和直辖市分为八个经济体区域。

a. 东北区域经济体：包括黑龙江、吉林、辽宁；

b. 泛渤海湾区域经济体：包括北京、天津、山东、河北、内蒙古、山西；

c. 陕甘宁青区域经济体：包括陕西、甘肃、宁夏、青海；

d. 中原区域经济体：包括河南、湖北、湖南；

e. 泛长江三角洲区域经济体：包括上海、江苏、浙江、江西、安徽；

f. 泛珠江三角洲区域经济体：包括广东、广西、福建、海南；

g. 西南区域经济体：包括重庆、四川、贵州、云南；

h. 西部生态经济区：包括西藏、新疆。

就业地：指大学毕业生在接受调查时的就业所在地区。

就业经济区域自主创业比例 = 在本经济区域自主创业的2014届大学毕业生人数/在本经济区域就业的2014届大学毕业生人数。

就业率：本科毕业生的就业率=已就业本科毕业生数/需就业的总本科毕业生数；需要注意的是，按劳动经济学的就业率定义，已就业人数不包括国内外读研人数，需就业的总毕业生数也不包括国内外读研的人数；政府教育机构统计的就业率通常包括国内外读研人数，也就是本报告中的非失业率。

高职高专毕业生的就业率=已就业高职高专毕业生数/需就业的总高职高专毕业生数；其中，已就业人数不包括读本科人数，需就业的总毕业生数也不包括读本科人数。

就业满意度：在被调查的毕业生中，由就业人群对自己目前的就业现状进行主观判断，选项有"很满意"、"满意"、"不满意"、"很不满意"、"无法评估"五项。其中，选择"满意"或"很满意"的人属于对就业现状满意，选择"不满意"或"很不满意"的人属于对就业现状不满意。

教学满意度：由被调查的2014届大学毕业生回答对母校的教学满意度，选项有"很满意"、"满意"、"不满意"、"很不满意"、"无法评估"五项。其中，"满意"、"很满意"属于满意的范围，"不满意"、"很不满意"属于不满意的范围。教学满意度是回答满意范围的人数百分比，计算公式的分子是回答满意范围的人数，分母是回答不满意范围和满意范围的总人数。

L

离职类型：分为主动离职（辞职）、被雇主解职、两者均有（离职两次以上可能会出现）三类情形。

离职率：有过工作经历的 2014 届毕业生（从毕业时到 2014 年 12 月 31 日）有多大比例发生过离职。离职率 = 曾经发生离职行为的毕业生人数/现在工作或曾经工作过的毕业生人数。

绿牌专业：失业量较小，就业率、月收入和就业满意度综合较高的专业，为需求增长型专业。

P

培训：已经就业的大学毕业生接受的各项旨在提高工作技能水平、增强工作竞争力的教育活动。分为自费培训和雇主提供的培训。

S

三年后就业满意度：在被调查的毕业生中，由就业人群对自己目前的就业现状进行主观判断，选项有"很满意"、"满意"、"不满意"、"很不满意"、"无法评估"五项。其中选择"满意"或"很满意"的人属于对就业现状满意，选择"不满意"或"很不满意"的人属于对就业现状不满意，就业人群包括"受雇全职工作"、"自主创业"人群。

素养提升：由被调查的毕业生选择大学对哪些方面素养的提升有帮助。毕业生可选择多项，也可选择大学对素养提升"没有任何帮助"。

社团活动：指被调查的毕业生在大学期间参加过的社团活动。社团活动包括"学术科技类"（如统计协会、哲学社、英语角等）、"社会实践类"（如创业协会等）、"公益类"（如志愿者协会等）、"社交联谊类"、"文化艺

术类"（如文学社、书画协会等）、"表演艺术类"（如演讲与口才、歌舞戏剧、声乐器乐协会等）、"体育户外类"，一个毕业生可以选择参加多类社团活动，也可以选择"没参加任何社团活动"。

社团活动满意度：毕业生选择了参加某类社团活动后，会被要求评价对该类社团活动是否满意。社团活动满意度＝参加过该类社团活动并表示满意的人数/参加过该类社团活动的人数。

生活服务满意度：由被调查的2014届大学毕业生回答对母校的生活服务满意度，选项有"很满意"、"满意"、"不满意"、"很不满意"、"无法评估"五项。其中，"满意"、"很满意"属于满意的范围，"不满意"、"很不满意"属于不满意的范围。生活服务满意度是回答满意范围的人数百分比，计算公式的分子是回答满意范围的人数，分母是回答不满意范围和满意范围的总人数。

W

未就业：本研究将应届大学毕业生在毕业半年后调查时没有全职或者半职雇用工作的状态，视为未就业。这包括准备考研、准备出国读研、还在找工作和"待定族"四种情况。失业率＝未就业毕业生数/需就业的总毕业生数。

五大类基本工作能力：麦可思参考美国SCANS标准，将35项基本工作能力划为五大类型，分别是理解与交流能力、科学思维能力、管理能力、应用分析能力和动手能力。

X

校友满意度：由被调查的2014届大学毕业生回答对母校的总体满意度，选项有"很满意"、"满意"、"不满意"、"很不满意"、"无法评估"五项。其中，"满意"、"很满意"属于满意的范围，"不满意"、"很不满意"属于不满意的范围。校友满意度是回答满意范围的人数百分比，计算公式的分子是回答满意范围的人数，分母是回答不满意范围和满意范围的总人数。

校友推荐度：在同等分数、同类型学校条件下，2014届大学毕业生愿意推荐母校给亲朋好友就读的比例。推荐度计算公式的分子是回答"愿意推荐"的人数，分母是回答"愿意推荐"、"不愿意推荐"、"不确定"的总人数。

学生工作满意度：由被调查的2014届大学毕业生回答对母校的学生工作满意度，选项有"很满意"、"满意"、"不满意"、"很不满意"、"无法评估"五项。其中，"满意"、"很满意"属于满意的范围，"不满意"、"很不满意"属于不满意的范围。学生工作满意度是回答满意范围的人数百分比，计算公式的分子是回答满意范围的人数，分母是回答不满意范围和满意范围的总人数。

Y

已就业人群：包括"受雇全职工作"、"受雇半职工作"、"自主创业"、"毕业后入伍"四类人群。

优秀人才：毕业三年内晋升次数在三次及以上的大学毕业生。

月收入：指工资、奖金、业绩提成、现金福利补贴等所有的月度现金收入。

月收入的"增长率" =（2014届毕业生的平均月收入 – 2013届毕业生的平均月收入）/2013届毕业生的平均月收入。

月收入涨幅绝对值：月收入涨幅绝对值 = 毕业三年后的月收入 – 毕业半年后的月收入。

月收入涨幅比例：月收入涨幅比例 = 月收入涨幅绝对值/毕业半年后的月收入。

Z

职位晋升：由已经工作的毕业生回答是否获得职位晋升以及获得晋升的次

数。职位晋升是指享有比前一个职位更多的职权并承担更多的责任，由毕业生主观判断。这既包括不换雇主的内部提升，也包括通过更换雇主实现的晋升。

职位晋升次数：由毕业生自己回答获得职位晋升的次数，计算公式的分子是所有大学毕业生获得职位晋升次数之和，没有获得职位晋升的人记为0次，分母是三年内就业和就业过的大学毕业生数。

职业：根据麦可思中国职业分类体系，本次调查覆盖了高职高专毕业生能够从事的547个职业。

职业期待吻合度：毕业生被调查时的工作与职业期待吻合的人数百分比。

职业转换：职业转换是指毕业生在毕业半年后从事某种职业，毕业三年后由原职业转换到不同的职业。通常在工作单位内部完成职业转换的并不代表离职；反过来讲，更换雇主可能也不代表转换职业。

职业转换率：职业转换率是指有多大比例的毕业生在毕业三年内转换了职业。其计算方法为：分母是毕业半年后有工作的毕业生数，分子是毕业三年后从事的职业与毕业半年后从事的职业不同的毕业生数。

专升本：指高职高专生毕业后继续就读本科。有专升本、专插本、专接本、专转本多种形式，本报告中统一称为"专升本"。

专业：按照教育部的专业目录以及学校新增的专业，本次调查覆盖了高职高专院校所开设的专业589个。

专业类：按照教育部的专业目录以及学校新增的专业，本次调查覆盖了高职高专院校所开设的专业类76个。

专业大类：按照教育部的专业目录以及学校新增的专业，本次调查覆盖了高职高专院校所开设的专业大类19个。

自主创业集中的行业类的比例：2014届同学历层次自主创业人群中有多大比例毕业生在该行业类就业，分子是2014届自主创业人群中在该行业类就业的毕业生人数，分母是2014届同学历层次毕业生自主创业的总人数。

自主创业集中的职业类的比例：2014届同学历层次自主创业人群中有多大比例的毕业生从事该职业类。分子是2014届自主创业人群中从事该职业类的毕业生人数，分母是2014届同学历层次毕业生自主创业的总人数。

B.20
主要参考文献

[1] E. Grady Bogue, Kimberely Bingham Hall. *Quality and accountability in higher education.* Greenwood Publishing Group, Inc, 2003.

[2] James D. Fearon. Selection Effects and Deterrence. *International Interaction.* 28: 5 – 29, 2002.

[3] 麦可思研究院编著《2012 年中国大学生就业报告》，社会科学文献出版社，2012。

[4] 麦可思研究院编著《2013 年中国大学生就业报告》，社会科学文献出版社，2013。

[5] 麦可思研究院编著《2014 年中国大学生就业报告》，社会科学文献出版社，2014。

[6]《国家中长期教育改革和发展规划纲要（2010～2020 年)》，中央政府门户网站，2010。

[7]《教育部关于做好 2015 年全国普通高等学校毕业生就业创业工作的通知》，中华人民共和国教育部，教学［2014］15 号。

[8]《中华人民共和国职业分类大典》，中国劳动社会保障出版社，1999。

[9]《中华人民共和国职业分类大典》（2005 增补本），中国劳动社会保障出版社，2005。

法 律 声 明

权威报告·热点资讯·特色资源

皮书数据库
ANNUAL REPORT(YEARBOOK)
DATABASE

当代中国与世界发展高端智库平台

IIIIIIIII PISHU.DOS.CD

S 子库介绍
ub-Database Introduction

中国经济发展数据库

涵盖宏观经济、农业经济、工业经济、产业经济、财政金融、交通旅游、商业贸易、劳动经济、企业经济、房地产经济、城市经济、区域经济等领域，为用户实时了解经济运行态势、把握经济发展规律、洞察经济形势、做出经济决策提供参考和依据。

中国社会发展数据库

全面整合国内外有关中国社会发展的统计数据、深度分析报告、专家解读和热点资讯构建而成的专业学术数据库。涉及宗教、社会、人口、政治、外交、法律、文化、教育、体育、文学艺术、医药卫生、资源环境等多个领域。

中国行业发展数据库

以中国国民经济行业分类为依据，跟踪分析国民经济各行业市场运行状况和政策导向，提供行业发展最前沿的资讯，为用户投资、从业及各种经济决策提供理论基础和实践指导。内容涵盖农业，能源与矿产业，交通运输业，制造业，金融业，房地产业，租赁和商务服务业，科学研究，环境和公共设施管理，居民服务业，教育，卫生和社会保障，文化、体育和娱乐业等 100 余个行业。

中国区域发展数据库

以特定区域内的经济、社会、文化、法治、资源环境等领域的现状与发展情况进行分析和预测。涵盖中部、西部、东北、西北等地区，长三角、珠三角、黄三角、京津冀、环渤海、合肥经济圈、长株潭城市群、关中一天水经济区、海峡经济区等区域经济体和城市圈，北京、上海、浙江、河南、陕西等 34 个省份及中国台湾地区。

中国文化传媒数据库

包括文化事业、文化产业、宗教、群众文化、图书馆事业、博物馆事业、档案事业、语言文字、文学、历史地理、新闻传播、广播电视、出版事业、艺术、电影、娱乐等多个子库。

世界经济与国际政治数据库

以皮书系列中涉及世界经济与国际政治的研究成果为基础，全面整合国内外有关世界经济与国际政治的统计数据、深度分析报告、专家解读和热点资讯构建而成的专业学术数据库。包括世界经济、世界政治、世界文化、国际社会、国际关系、国际组织、区域发展、国别发展等多个子库。